学校心理咨询操作规范与管理

李桦 张广东 黄蘅玉 编著

中山大学出版社

· 广州 ·

版权所有　翻印必究

图书在版编目（CIP）数据

学校心理咨询操作规范与管理/李桦，张广东，黄蘅玉编著．—广州：中山大学出版社，2021.12
ISBN 978 - 7 - 306 - 07116 - 3

Ⅰ. ①学… Ⅱ. ①李… ②张… ③黄… Ⅲ. ①教育心理学—心理咨询—研究 Ⅳ. ①G448

中国版本图书馆 CIP 数据核字（2021）第 026145 号

出 版 人：	王天琪
策划编辑：	陈　慧
责任编辑：	井思源
封面设计：	林绵华
责任校对：	卢思敏
责任技编：	靳晓虹
出版发行：	中山大学出版社
电　　话：	编辑部 020 - 84110283，84111996，84111997，84113349
	发行部 020 - 84111998，84111981，84111160
地　　址：	广州市新港西路 135 号
邮　　编：	510275　传　真：020 - 84036565
网　　址：	http://www.zsup.com.cn
	E - mail：zdcbs@mail.sysu.edu.cn
印 刷 者：	广州市友盛彩印有限公司
规　　格：	880mm×1230mm　1/32　7 印张　163 千字
版次印次：	2021 年 12 月第 1 版　2021 年 12 月第 1 次印刷
定　　价：	45.00 元

如发现本书因印装质量影响阅读，请与出版社发行部联系调换

前　言

服务于微观层面的现代西方心理咨询萌芽于17世纪工业革命以后，并在20世纪初逐渐发展起来。20世纪30年代，心理测量和对个体差异的研究是临床心理学发展的重要条件和促进因素，其代表人物是威廉森（E. G. Williamson），他于1938年首次提出"咨询"（counseling）一词，并创立了第一个心理咨询理论。20世纪40年代后期，心理咨询这门学科迅速发展，真正意义上的心理咨询时代来临了，涌现出一批杰出的心理学家，发展了精神分析、行为主义、认知理论、人本—存在主义等心理咨询理论流派。1953年，美国心理学会成立了咨询心理学会，规定了正式的心理咨询专家培养标准，并于1955年开始正式颁发心理咨询专家执照，这标志着心理咨询开始迈向规范化、专业化和职业化的道路。

20世纪80年代起，几乎所有的西方主流心理治疗理论和技术都被引入中国，有关心理治疗的文章数量迅速增加，心理治疗的对象范围逐步扩大，全国各大城市的综合性医院亦普遍开始建立心理咨询和治疗门诊。但是，在发展上，我国心理咨询的专业化和职业化程度并不高。2004年，在《中共中央国务院关于进一步加强和改进大学生思想政治教育的意见》（中发〔2004〕16

号）的要求与推动下，我国高校心理咨询快速发展，逐渐成为解决学生心理问题、促进学生健康成长的重要途径。各高校普遍成立心理咨询专业机构，配备专职心理咨询师，为有需要的学生提供心理咨询及心理健康教育服务。也是在这一背景下，中山大学于2004年6月重新成立了心理健康教育咨询中心，负责在校学生的心理咨询与心理健康教育工作。随着教育和宣传工作的深入开展，学生对心理咨询的认可度日益提高，但心理咨询工作本身的管理与规范问题也随之凸显出来，迫切需要解决。

这本书的雏形是中山大学心理健康教育咨询中心的制度汇编。中山大学的心理健康教育与心理咨询工作可以追溯到1987年成立的"益友社"，至今已有逾30年的历史。但及至2004年重新成立心理健康教育咨询中心，中山大学的心理咨询工作一直是在实务上的经验积累较多，在理论建构、咨询规范、流程管理等向度上的努力与探索则相对有限。彼时，可以赖以参照的资料也较为缺乏，只有2001年8月由国家劳动和社会保障部颁布的《心理咨询师国家职业资格标准》，其对心理咨询师的职业道德准则做了规定。中山大学心理健康教育咨询中心甫一设立，各位老师即立足于工作实际，从如何规范管理心理咨询过程以维持其专业性和有效性的角度出发，积极参照美国、加拿大等国家心理咨询的行业规范，借鉴我国香港、台湾地区的心理咨询行业管理及管理制度，吸纳国内兄弟高校的经验，较早地完善出台了《大学生心理健康教育工作方案》《大学生心理危机干预工作方案》《大学生心理危机干预实施细则》《心理咨询目标管理制度》《隐患排查制度》《信息报送制度》《首问责任制度》等18项工作制度，保障了心理健康教育与心理咨询等各项工作的有序进行。同时，

前言

中山大学心理健康教育咨询中心制定了《心理健康教育咨询中心专业伦理守则》《心理健康教育咨询中心心理咨询师守则》《心理健康教育咨询中心来访者的权利和义务》《心理健康教育咨询中心心理咨询保密原则》《心理健康教育咨询中心心理咨询预约制度》《心理健康教育咨询中心个体咨询服务办法》等21项工作规程,制作了来访者手册、心理咨询师手册、心理咨询效果评估表等咨询手册及表格,规范了心理咨询服务流程,通过制度建构与管理探索维护了心理咨询工作的专业性。

2006年以来,我国陆续颁定了关于心理咨询规范和标准的规章制度。2007年,中国心理学会临床与咨询心理学专业委员会颁布了《中国心理学会临床与咨询心理学工作伦理守则(第一版)》,对心理咨询的伦理规范做了详细的说明;2013年5月,我国首部精神卫生法颁布实施,其中对心理健康教育和心理咨询提出了一定的规范和要求;2013年12月,中国标准化研究院与中国科学院心理研究所联合发布了心理咨询服务国家标准;张亚林与曹玉萍于2014年出版了《心理咨询与心理治疗技术操作规范》一书;2018年,中国心理学会临床与咨询心理学专业委员会颁布了《中国心理学会临床与咨询心理学工作伦理守则(第二版)》。

相较于上述管理规范,回看中山大学心理健康教育咨询中心早年制定的各项工作制度与心理咨询管理规程,在今天仍未失其规范化管理与操作的意义与价值,仍是心理健康教育与心理咨询工作值得借鉴与参考的成果。我们在保留具有可操作性的流程与表格的同时,对2006年初次出版的《中山大学心理健康教育咨询中心制度汇编》进行了改写,以使其更具可读性。从心理咨询的历程出发,聚焦学校心理健康教育工作的内涵与脉络,围绕心理咨询与心理咨询师质素，心理咨询协议与来访者的权利和义务，心理咨询的保密原则及其局限性，心理咨询目标与计划的设定，来访者的临床初级筛选、识别与转介，开展心理危机的干预与管理、推动校园突发事件的预防和处理，进行高关怀个案的支持与服务，以及从来访者的角度收集咨询效果评估信息，建立评估反馈机制，进而健全心理咨询督导机制等内容，以期为同仁提供借鉴，亦寄望可以在后续的使用过程中不断加以完善及进行更深入的思考。

李 桦

2020 年 11 月 26 日

目 录

第一章 心理咨询与心理咨询师质素 …………… 1
- 一、何谓心理咨询 ………………………………… 1
- 二、心理咨询师的专业资格和所需能力 ………… 3
- 三、首问责任 ……………………………………… 8
- 四、关系议题的处理 ……………………………… 9
- 附录1.1 咨访关系 …………………………… 16
- 附录1.2 心理咨询师守则 …………………… 17
- 附录1.3 心理咨询工作量登记表 …………… 18
- 附录1.4 心理咨询师考核评估表 …………… 19
- 附录1.5 心理咨询师工作综合绩效考核表 … 20

第二章 来访者的权利和义务 ………………… 21
- 一、来访者的监督权 …………………………… 21
- 二、来访者的选择权 …………………………… 23
- 三、来访者的变更权 …………………………… 24
- 四、来访者的隐私权 …………………………… 25
- 附录2.1 来访者的基本权益 ………………… 27
- 附录2.2 来访者的权利和义务 ……………… 28

  附录2.3 来访者基本情况登记表 …………………… 29
  附录2.4 心理咨询个案记录表 ……………………… 30

第三章 心理咨询的保密原则及其破例情况 …………… 31
 一、心理咨询的保密原则及其局限性 …………………… 31
 二、伤害自身的危险性等级与评估 ……………………… 33
 三、伤害他人和伤害未成年人的评估与报告 …………… 38
 四、危机干预者和心理测评者的承诺 …………………… 40
  附录3.1 自杀干预记录表 …………………………… 41
  附录3.2 危机干预工作者的保密协议 …………… 43
  附录3.3 心理测评工作者的保密协议 …………… 44

第四章 心理咨询协议 ……………………………………… 45
 一、心理咨询协议签署的意义 …………………………… 45
 二、心理咨询协议的要素 ………………………………… 46
 三、转介 …………………………………………………… 53
  附录4.1 心理咨询协议 ……………………………… 54
  附录4.2 心理咨询转介表 …………………………… 55

第五章 心理咨询目标与计划的设定 ……………………… 56
 一、心理咨询目标和计划设定的意义 …………………… 56
 二、心理咨询目标的特性 ………………………………… 58
 三、心理咨询计划的特性 ………………………………… 63
 四、咨询目标和计划的设定方法 ………………………… 65
  附录5.1 心理咨询初步评估报告 …………………… 68

附录 5.2　心理咨询目标检查表 …………………………… 69
　　附录 5.3　心理咨询计划对照表 …………………………… 70

第六章　临床初级筛选与识别 …………………………… 72
　　一、来访者的自我评定 ………………………………… 72
　　二、临床初级筛选 ……………………………………… 74
　　三、来访者精神状况的初步识别 ……………………… 76
　　四、学生精神问题的干预准则 ………………………… 78
　　附录 6.1　来访者自我评定问卷 …………………………… 81
　　附录 6.2　心理咨询初谈评估报告 ………………………… 82

第七章　心理危机的干预与管理 ………………………… 83
　　一、心理危机的特征 …………………………………… 83
　　二、心理危机干预的过程 ……………………………… 85
　　三、自杀预防 …………………………………………… 90
　　四、自杀警报信号 ……………………………………… 93
　　五、对自杀现象的误解与疑问 ………………………… 96
　　六、自杀风险评估的"4P模式" ……………………… 98
　　附录 7.1　心理危机干预报告表 …………………………… 104
　　附录 7.2　信息提供协议书 ………………………………… 105
　　附录 7.3　安全合约 ………………………………………… 106
　　附录 7.4　自杀预防注意事项 ……………………………… 107

第八章　高关怀个案管理的实施 ………………………… 108
　　一、高关怀个案管理工作的哲学取向 ………………… 108

二、高关怀个案管理系统的构成要素与功能 ………………… 109
　　三、院系在高关怀个案管理工作中的操作方法 …………… 113
　　四、高关怀个案的有效管理 …………………………………… 115
　　　附录8.1　高关怀个案排查汇总表 ………………………… 120
　　　附录8.2　高关怀个案跟进记录表 ………………………… 121
　　　附录8.3　高关怀个案对接登记表 ………………………… 123

第九章　心理咨询督导 ……………………………………………… 124
　　一、心理咨询与督导 …………………………………………… 125
　　二、督导师的多重角色与角色冲突 …………………………… 128
　　三、督导师的胜任力 …………………………………………… 130
　　四、心理督导模式 ……………………………………………… 131
　　五、心理督导方法 ……………………………………………… 133
　　　附录9.1　督导效能评估表 ………………………………… 136

第十章　学校心理健康教育 ………………………………………… 137
　　一、心理健康教育的宗旨和任务 ……………………………… 137
　　二、学校心理健康教育的原则 ………………………………… 138
　　三、学校心理健康教育的管理体系 …………………………… 140
　　四、学校心理健康教育队伍的培训与科研 …………………… 143
　　五、学生心理健康普查 ………………………………………… 144
　　六、建立危机预警机制 ………………………………………… 145
　　　附录10.1　心理健康教育人员守则 ……………………… 148
　　　附录10.2　心理测评人员的保密守则 …………………… 149

目 录

第十一章 校园突发危机事件的预防和处理 …………… 150
　一、突发危机事件的类型与管理 …………………… 150
　二、突发危机事件的预防性教育 …………………… 152
　三、肇事威胁者的危险程度评估方式 ……………… 155
　四、肇事威胁者的处置 ……………………………… 156
　五、肇事威胁的评估 ………………………………… 157
　六、校园突发危机事件发生后的管理 ……………… 159
　七、校园突发危机事件的处理 ……………………… 161
　　附录11.1　肇事威胁者面谈记录表 ……………… 163

参考文献 ……………………………………………… 164

附录一　中国心理学会临床与咨询心理学工作伦理守则（第二版） ……………………………………… 171

附录二　美国学校心理学者协会（NASP）制定的职业道德守则（摘要） ………………………………… 190

附录三　加拿大临床顾问协会注册临床顾问的道德行为规范与临床实践准则 ……………………………… 195

后　记 ………………………………………………… 208

第一章 心理咨询与心理咨询师质素

一、何谓心理咨询

近年来,我国的心理咨询业持续发展,但相较于国外完备的培训和认证体系、管理与约束机制,尚未形成国家层面统一的专门管理机构和制度。国内虽然陆续出台了相关的法律和职业道德规范,但仍缺乏具有行业普遍约束力的操作与管理规范。同时,社会大众对关于心理咨询的知识了解得越来越多,接受心理咨询帮助的意识也有了较大提升,但很多人仍对心理咨询有各种误解。在接待的众多来访者中,我们发现很多人其实并不理解心理咨询的性质、心理咨询的核心要素、心理咨询是如何进行的等内容。心理咨询成为一个既熟悉又陌生的概念。

20世纪80年代,心理咨询被引入我国,国内的学者相继对心理咨询进行了定义。张人俊等(1987)提出,心理咨询是通过语言、文字等媒介,给咨询对象以帮助、启发和教育的过程。通过心理咨询,可以使咨询对象的认识、情感和态度有所变化,解决其在学习、工作、生活、疾病和康复等方面出现的心理问题,从而使其更好地适应环境,保持身心健康。朱智贤(1989)将心理咨询定义为：对心理失常的人，通过心理商谈的程序和方法，使其对自己与环境有一个正确的认识，以改变其态度与行为，并使其对社会生活有良好的适应。

心理失常，有轻度的、重度的，也有属于机能性的、机体性的。心理咨询的主要工作对象则是轻度的、属于机能性的心理失常。心理咨询的目的就是要纠正心理上的不平衡，使个人对自己与环境重新形成清楚的认识，改变其态度和行为，以实现对社会生活良好的适应。陈仲庚（1989）认为，心理咨询就是帮助人们去探索和研究问题，使他们能决定自己应做些什么。心理咨询应明确三个问题：①待解决问题的性质；②心理咨询师的技术；③所要达到的目标。马建青（1992）将心理咨询定义为运用相关心理科学的理论和方法，通过解决咨询对象（即来访者）的心理问题（包括发展性心理问题和障碍性心理问题）来维护和增进其身心健康，促进个性发展和潜能开发的过程。钱铭怡（1994）认为，心理咨询是通过人际关系，运用心理学方法，帮助来访者自强自立的过程。

以上研究者给出的定义各有侧重，但都指出心理咨询涵盖心理咨询师与来访者两个主体，这两者之间存在着提供帮助与寻求帮助的关系。在这种关系中，心理咨询师运用心理学理论、知识和方法以及其所创造的氛围，使来访者逐步学会避免和消除不良心理因素的影响，并产生认识、情感和态度上的变化，以更积极的方法对待自己和他人。毋庸置疑，心理咨询的效果与心理咨询师的素质密切相关，心理咨询能否顺利进行有赖于心理咨询人员的素质与资格条件。

二、心理咨询师的专业资格和所需能力

心理咨询行业的蓬勃发展，吸引了众多对心理咨询感兴趣的人士加入心理咨询师的队伍。为了提高心理咨询工作的效果，确保来访者能获得合适的服务，咨询机构应明确指出心理咨询师工作职位的具体要求、需要具备的专业资格和心理学的知识结构。

（一）职位摘要

职位摘要包括该机构所推崇的咨询流派和模式背景，比如心理动力学派或认知行为模式，完形主义或人本主义。抑或采取"以来访者为中心"的原则，不拘泥于某一流派，只要对咨询有用，各种模式都可以灵活运用。

职位摘要的内容包括心理咨询师的职责范围，例如，个体咨询，团体辅导，网络、信函、电话咨询，心理健康教育，危机干预，部分行政管理工作，科学研究，等等。心理咨询师首先要明确自己的职责，以更好地完成自己的工作任务。

1. 资格条件和培训经历

资格条件和培训经历是指从事该行业所需要的学历文凭与所接受的专业培训，这些资格条件和培训经历都与心理咨询师的职责相关。心理咨询是一项专业性服务，为了来访者的利益，没有接受过专业学习与培训的人是不能从事咨询工作的。至于该职位所需的学历要求和培训经历，则由各机构自行决定。

心理学的知识结构是咨询机构管理者应该重点关注的方面。心理咨询师不能从事超出自己能力范围的工作。有些心理学专业毕业的学生，虽然持有心理学学士或硕士学位，甚至有些人还拥

有博士学位，但他们若不是咨询或临床心理学专业的学生，仍然不能胜任心理咨询工作。心理学有众多分支，若请工程心理学博士来从事心理咨询，那么他们同样需要再学习与咨询心理学相关的课程，需要接受由心理督导师负责的实践与培训。

许多非心理学专业的人士想投身心理咨询行业，纷纷参加了各种培训班，获得了各种证书。咨询机构的管理者需要具体了解这些证书持有者的知识结构，了解他们是否具备该职位的资格条件。例如，某心理咨询师的职位要求是由该心理咨询师负责危机干预，那么，申请该职位的申请者必须具备危机干预的知识；或者，咨询机构在该申请者开始工作前需要对其进行危机干预的培训。又如，某些机构需要对咨询工作进行科学研究，那么该机构将审查申请者是否具备课题研究和数据分析的能力。再如，团体咨询是一项使用频率较高的咨询方式，如果心理咨询师要从事团体咨询，则必须事先经过相应的团体咨询培训，以便掌握团体咨询所需要的各种应变能力与专业知识。

若心理咨询师没有机会参加相应的培训，但在实际工作中遇到紧急的咨询任务，迫切地需要他们去完成时，在这种情况下，可由心理督导师亲自带领缺乏经验的心理咨询师一起工作，手把手地在工作实践中传授知识与经验。通过一定的协同工作时数，待习得了这项工作技能后，新手咨询师们才可独立操作。

2. 沟通能力和协作精神

心理咨询并非只是心理咨询师与来访者两个人之间的工作，它通常需要一个团队的协作。因此，良好的沟通能力不仅局限于与来访者的沟通，在工作团队内部，在与其他团队的合作或转介时，在心理健康教育工作的过程中，都要求心理咨询师具有良好的沟通能力。尤其是进行危机干预时，心理咨询师无法独立作战，常常需要各部门通力合作。因此，良好的沟通能力和团队协作精神是咨询工作获得成功的基本保证。

3. 附加能力

职位摘要中有时会提出该职位所需的附加能力，即心理咨询师必备的某些除咨询以外的能力。例如，某个职位要求申请者具有使用外语或地方方言的能力，因为心理咨询师经常要为不同的人群提供服务，多样化的语言能力更有助于咨询工作的开展。又如，某些职位也可能会要求心理咨询师具有熟练运用计算机的能力，因为随着计算机的广泛运用，许多机构已经将来访者的档案电子化，心理咨询师需要通过线上联络等方式与来访者或其他工作人员沟通。

在管理严格的咨询机构里，心理咨询师的职责需要被罗列清楚，资历和必备能力也需要详细表述，避免日后管理上的冲突与矛盾。

(二) 遵守心理咨询的法规和伦理守则

精神卫生方面的法规与行业的伦理守则，是每位心理咨询师都应该严格遵守的规范。心理咨询师应该熟悉并充分理解这些法规与守则，在日常咨询工作中，时刻参照这些法规与守则来做出各种抉择。

《中国心理学会临床与咨询心理学工作伦理守则（第二版）》中的"善行、责任、诚信、公正、尊重"五个词言简意赅，包含了心理咨询的基本原则。《中华人民共和国精神卫生法》（以下简称《精神卫生法》）提出的"尊重、理解、关爱"原则，简明扼要，意义深刻。这些并非印在纸上、挂在墙上、说在嘴上的漂亮辞藻，而是作为心理咨询师必须将其落实到行动上的工作准则。面对每一位来访者，心理咨询师如何体现尊重、理解和关爱？怎样维持善行，承担责任，保持诚信，主持公正？心理咨询师只有将这些理念内化之后，方能在自己的一言一行中得以流露体现。

曾有心理咨询师为当地一位著名人士进行咨询，她被这位名人不同寻常的悲惨经历所吸引，觉得这位名人的故事极具戏剧性和悲剧性。于是，她写了一篇精彩的文章发表在当地报刊上。这位心理咨询师知道咨询工作的保密原则，为了"尊重"来访者，为了"保密"，她隐匿了来访者的姓名，并强调其他内容"保持真实"。她的文章在当地引起了轰动，心理咨询师也获得了她所期望的关注度。然而，那位颇有名气的来访者马上被人们辨认出来，其隐私也被公之于众，成为当地八卦新闻中被取笑的对象。这位来访者再次崩溃，企图以自杀来警告心理咨询师的卑劣行为。

以上案例表明，尽管一些心理咨询师对行业伦理守则和精神卫生法了如指掌，但如果将其束之高阁、知而不行，失去对来访者的尊重、理解和关爱，就有可能对来访者造成极大的伤害。另有一位初入咨询行业的心理咨询师，被催眠的神奇效用所折服，参加了一个短期的催眠工作坊后，就开始对来访者进行催眠治疗。有位身材肥胖的来访者希望通过催眠促成减肥，让自己变得苗条，那位心理咨询师就对这位来访者施加了"一吃东西就会恶心难受，不想进食"的催眠暗示语，结果导致来访者出现严重的进食障碍。

不过，心理咨询师也不是万能的，需要明确自己的局限性，一般情况下只接受个人专业能力范围内的来访者。有时，有的心理咨询师助人心切，一心想帮助来访者排忧解难，但如果他们面对那些超出自己能力范围的要求时，仍一意孤行，就不仅帮助不了来访者，还有可能引致更为严重的后果。例如，有位心理咨询师面对患有严重抑郁症，并有明显自杀倾向的患者时，认为自己的善心善行必能感动来访者，而且还片面地理解了保密原则，没有及时将来访者转介他人。尽管心理咨询师辛苦工作了好几个小时，殊不知，就在他离开片刻之后，那位严重抑郁的来访者便采取了自杀行为。该案例沉痛地提醒我们，当来访者的行为可能对自己或他人造成伤害时，必须尽快告知主管和有关部门，若有需要，必须尽快转介，严格执行心理咨询流程和危机干预步骤。

（三）遵守咨询机构的服务宗旨

心理咨询师应对所服务的机构负责，凡是与机构相关的活动必须与该机构的宗旨保持一致。就心理咨询行业而言，咨询工作的主要目的是使来访者从心理咨询的专业服务中获得利益，提高福祉。在工作中，心理咨询师应该避免存在利益冲突的活动。所谓"利益冲突"，是指在某种情况下，个人或某个组织涉及多方利益（财务、情绪或其他方式），使该个人或机构的宗旨受到损害。最常见的具有利益冲突的活动是指那些与经济利益相关的活动。比如，心理咨询师向来访者推销某种与心理咨询不相干的盈利性商品，那么心理咨询师的专业判断和行为将有可能受到第二项利益活动（推销商品）的影响，来访者也可能因想要获取心理咨询师的好感而牺牲自己的某些利益。

心理咨询师不能擅自以机构的名义向外界提供私人服务，尤其是个人盈利性服务。一般而言，应该清晰划分心理咨询师的个人活动与咨询机构服务之间的界限。尽管心理咨询师的工作头衔可能在许多不相关的场合呈现,但是,心理咨询师必须认真对待利益冲突问题,慎重处理所能获取的包括经济利益在内的多项益处。专业活动的界限有时容易模糊,因而心理咨询师应该明确自己的行为准则,要认清自己专业的、伦理的和法律的责任,维护专业信誉。

三、首问责任

所谓首问责任,是指在个体心理咨询工作中为来访者进行心理咨询的首位心理咨询师负责来访者的后续心理咨询。首问责任制的目的是减轻来访者的心理压力,提高咨询效果。

众所周知,压力和危机的发生源于某种"变化或丧失"。任何变化与丧失都将使人们因处于一个不熟悉的境地而产生压力。来访者初次进入咨访关系,遇到首位心理咨询师,初步了解和适应新的环境和人员后,将首位心理咨询师确定为自己的"首问负责人",这样可以减轻来访者的压力。不过,并非所有的首问责任心理咨询师都是最适合来访者的心理咨询师。在咨询起始阶段,心理咨询师并不了解来访者的状况,一旦进入咨询后,很可能发现自己并不适合这个来访者。在这种情境下,心理咨询师应及时向个人的心理督导师报告,或在咨询机构内部的例会中进行案例讨论,将此来访者转介给其他更为合适的心理咨询师。首问责任心理咨询师必须向来访者详细解释转介缘由,并征得来访者的同意后方可进入转介程序。

如果首问责任心理咨询师遇到的来访者心理问题非常严重,其严重程度甚至已超出心理咨询师的能力或责任范围,那么该首问责任人应及时向心理督导师或咨询机构负责人汇报，经讨论决定是否将其转介或进行危机干预。

在更换心理咨询师时，倘若来访者已经与首问责任心理咨询师建立了良好的咨访关系，临时转介给另一位心理咨询师可能会造成情感和问题解决方面的阻碍。此时，首问责任心理咨询师应与来访者、心理督导师、其他心理咨询师以及和来访者密切相关的人员进行必要的讨论，制定较为完善的转介程序。必要时，首问责任心理咨询师可以继续跟踪该个案的进展，负责与其他相关人士联络，确保心理咨询和危机干预的顺利进行。

四、关系议题的处理

心理咨询是一种专业助人关系，心理咨询师与来访者之间不得建立超过咨访关系以外的任何关系。在服务过程中，心理咨询师的同理心、善解人意和睿智聪慧等各种人格魅力，很容易使心理困惑不堪、倍感孤独无助的来访者产生敬佩与爱慕的情感。一些心理咨询师思维敏捷，善于口头表达，能帮来访者排忧解难，常令来访者产生敬佩与感激之情。为了表示自己的感激之情，来访者时常会邀请心理咨询师参加各种咨询以外的社交联谊活动或经营商务活动，将单纯的咨访关系衍化成复杂的双重或多重关系。还有一些心理咨询师可能会在咨询过程中对来访者产生非分之想。若心理咨询师不能恰当把握自己的专业身份，咨访关系也会蜕化变质。

心理咨询师一旦发现已建立的咨访关系超出了专业界限（例如，发生了性关系、恋爱关系或商务关系等），应立即终止专业关系并采取适当措施（如将来访者转介给其他心理咨询师），任何多重关系的形成都背离了心理咨询师的伦理守则。心理咨询师要明白自己对来访者的影响力，尽可能避免任何可能会破坏咨访关系的行为。心理咨询师从入行的那天起，就应该清楚地明白自己的专业界限和咨访关系的局限性，否则就有可能让自己误入歧途，在对来访者形成伤害的同时，也断送了自己的前程。

国外的心理咨询行业对多重咨访关系也有着严格的限制，一旦在咨询关系中出现了性关系，那么心理咨询师有可能被终身取消执业资格。也有一些咨询协会和机构规定，若心理咨询师违反职业操守，则必须停止执业，该心理咨询师将接受一定期限的心理治疗，然后由指定的心理评估机构对其进行心理评估。只有顺利通过心理评估，方能在专业的伦理监督师的督导下，重新开始限制性的咨询工作。

（一）良好的咨访关系的建立

良好的咨访关系的建立受众多因素影响。心理咨询师与来访者首次见面时所处的客观情境、时空氛围以及心理咨询师个人的仪容仪表等因素，都会影响来访者的咨询意愿。当然，心理咨询师个人的人格特征、文化背景、价值观念和经济条件等隐性特征，也会在其与来访者的交往中起着不同方向、不同程度的催化作用。良好的第一印象是建立良好的咨访关系的起点。心理咨询师给来访者留下良好的第一印象，通常能为良好的咨访关系的建立奠定基础，而良好的咨访关系则是有效咨询的关键要素。

在心理咨询工作中，无论心理咨询师奉行的是哪个流派、哪门理论，无论是认知行为疗法、心理动力学的精神分析，还是完形主义、存在主义或人本主义，无论是正念内观，还是身心疗愈，沟通都是各个流派和理论实施的基石。心理咨询的成功，不仅依赖于心理咨询师的丰富理论和渊博知识，还基于良好的咨访关系。良好的咨访关系由真诚与信任构成，而真诚与信任则是通过言语性和非言语性的沟通来呈现的。所谓非言语性语言，是指那些除了口头语言以外的其他语言，它通过人们的行为来体现，如个人语气语调、眼神手势、面部表情、行为举止、肢体动作等，这些都能充分地传递真诚或非真诚的信号。

来访者可能通过预约、他人介绍，或与接待员的交谈，在咨询前就已经对心理咨询师略知一二，但真正的咨访关系的建立是在来访者与心理咨询师的第一次通话或第一次见面之时。与来访者初次见面时，心理咨询师有必要将自己的资历和经验进行简明扼要的介绍，以促进来访者对心理咨询师的了解。心理咨询师可以根据现实情况灵活处理需要自我介绍的内容，通常包括心理咨询师的学历、专业方向、所接受过的培训、临床特长，以及从事心理咨询工作的年份和经验等内容。心理咨询师的客观介绍也可以帮助来访者确认他们能否在此获得自己所需要的帮助。

坦率自然的表述能增进来访者对心理咨询师的了解与信任。信任基于真诚，而真诚则由临床实践活动时的诚实性和真实性组成。时有来访者抱怨，他们见过心理咨询师一次之后便不愿再次相见，因为心理咨询师留给他们的第一印象实在太差。虽然心理咨询师的话语中不乏"我一定会尽力帮你""我理解你的心情""我们富有经验，请相信我们一定会努力帮你解决心理困惑"等语句，但是，如果心理咨询师与来访者说话时没有眼神交流，或一边说话一边查看电脑、手机或翻阅手中的资料，或语气中混杂着居高临下的傲气，就可能会损害咨访关系。有时，心理咨询师自己都不曾留意的一个表情、一个动作、一句话，抑或一个词语，林林总总的微妙细节，都有可能引致来访者的不满和不信任，导致咨访关系的破裂，乃至咨询工作的失败。

(二) 价值观的建构

咨询过程中会涉及个人价值观，来访者有建立、维护及追寻自己的价值观和人生观的权利，不可强制其接受心理咨询师的价值观或人生观，咨询伦理守则对此有明确规定。然而，在工作实践中，有些心理咨询师却有意无意地违背了应该奉行的准则。

曾有心理咨询师苦口婆心地劝说不愿上大学的高中生返回学校准备高考，该学生认为大学四年只会浪费他的时间，他想边工作边了解社会，等他内心确定什么才是他真正想学的东西之后，他会继续学习，他并不认为上大学是唯一的学习途径。然而，那位心理咨询师始终坚持自己"学而优"的价值观，竭力劝说该学生接受"大学是高中生最好的出路"之想法，咨询室变成了心理咨询师推广自己理念的场所。还有些心理咨询师自己无法接受同性恋，但他们并没有将具有同性恋倾向的来访者转介给合适的心理咨询师，只是一味劝说他们去医院接受治疗，去改变自己的性取向，结果对来访者造成心理上的伤害。

还有一个相关案例，有位与父母发生冲突的女孩服毒自杀，因为她无法承受心理不健康的母亲的长期虐待。那位为她提供心理咨询服务的已身为人母的心理咨询师却始终站在自己的角度谈论父母养育儿女的不容易、家长都是为了子女好等观点，宣传尊老、孝顺的理念。结果，该女孩认为大家都不理解她，都在责怪她，因而绝望无助，企图再次自杀。

其实，有关是否要读大学、同性恋是否需要治疗、父母是否都是爱子女等的争论在社会上比比皆是。人们有着不同的人生观、价值观，传统或非传统的理念，这是社会的客观现实。只是，在咨访关系中，心理咨询师应认清自己的专业能力、经验、限制及价值观，避免提供超出自己专业能力范围的咨询服务。心理咨询师应尊重来访者的价值观，不要代替对方做出任何重要决策，或强制来访者接受自己的价值理念。

心理咨询师的内心若残留歧视与偏见，尽管在工作时会尽可能地遮掩自己的观点，但是其内心的感受可能会在非言语性的沟通中流露出来，令敏感的来访者感受到那些潜藏的受人鄙视的意味，从而导致咨访关系破裂，甚至使来访者进一步受到心理伤害。心理咨询师的职业操守、行为表现以及对来访者的尊重，并不是通过说教就能形成的，这需要心理咨询师长期自觉地将条文内化成自己的信念，唯有发自内心的真实感受，才能自然地表现出对来访者的真诚与尊重。

（三）心理咨询师个人信息公布的界限

心理咨询师的自我介绍应着重于专业履历而非私人信息。有时来访者会好奇地询问心理咨询师的私人信息，例如婚恋状态、子女状况、配偶信息、个人经济条件和人际网络等。

是否有必要回复来访者的种种好奇，需要考虑以下两个问题：其一，心理咨询师的私人信息是否有助于咨访关系的改善和咨询效果的提升。其二，心理咨询师是否愿意向外界公布自己的私人信息。

来访者有时会有意无意地询问心理咨询师的个人隐私。例如，因子女教育问题而引起夫妻冲突的来访者，在谈及自己家庭生活中的冲突和管教儿子的困难时，抬头看着心理咨询师，转移了话题，顺口问道:"你结婚了吧?有孩子吗?""是的,我结婚了,有个女儿。"心理咨询师答道。"女儿好,没有那么多麻烦。我家儿子一直令我头痛。"来访者问完后继续讲述自己的问题。在这种情景下,这位心理咨询师并不在乎人们知道她已婚并育有一个女儿的私人信息。她坦然地回答了来访者的问话,因为她认为自己已婚和为人之母的客观状态将有利于增进咨访关系,增加来访者对心理咨询师人生经验的肯定。而且来访者的询问只是想知道心理咨询师是否也有这方面的体会与经验,希望获得共鸣,谈话的主题并没有偏离,仍然是以来访者自己家里的问题为主线的。

有时,来访者出于好奇或其他原因,会问及心理咨询师多方面的个人信息和家庭状况。心理咨询师必须立即做出判断:自己的这些个人信息是否有助于咨询关系的改善和咨询效果的提升?向外界公布自己的私人信息是否合适?因为一旦公布自己的私人信息,外界将如何评价就不由自己控制了。

在某些情境下,心理咨询师不在乎向来访者公布自己的私人信息。他们可能会向来访者公布自己的私人电话、家庭住址、婚姻状况、经济收入等,因为他们真诚地希望通过坦诚的沟通能帮助来访者消除心理困惑,协助来访者健康成长。但是,心理咨询师的这种善意行为通常不利于咨询工作的进展。若心理咨询师忽视"私人信息公布应以有助于咨访关系的改善和咨询效果的提升为前提"的原则,随意谈及个人隐私,就很有可能干扰正常的咨访关系。

来访者的人格特征、价值观念、文化素养、精神状态和情感需求各异。心理咨询师过多地公布与咨访关系没有直接相关的信息有可能会产生不良的结果。来访者或许会移情或依赖心理咨询师，不分白天黑夜地寻求帮助，甚至登门拜访。有些来访者可能会提出更多过分的情感要求，也可能会发生经济上的贿赂或求助，从而导致正常咨访关系的破裂。因此，每位心理咨询师在从事咨询工作时，都需要清晰地理解个人信息公布的需要与局限。

每位来访者的生活经历和遭遇的困难情境都是不一样的，因而心理咨询师所愿意公布的个人信息也会有所不同。对于一些善解人意的来访者，心理咨询师或许会更多地提供个人信息。但也有一些情绪不稳、动机不良、行为猥琐、骚扰不断、咄咄逼人且具有侵犯性的来访者，他们常会蓄意挑衅，不怀好意地盘问心理咨询师的各种隐私，逼迫心理咨询师回答令人深感不适或难以回答的问题。例如，"你成家了？怎么结婚那么多年还没有孩子？""你父母每月资助你多少钱？""你有过几个性伴侣？"等等。

心理咨询师是以"无条件接纳来访者"为原则，是用"以来访者为中心"的操作模式来从事心理咨询工作的。心理咨询师善良朴实的心理素质有时也会被那些居心叵测的来访者所利用。在广泛教育心理咨询师以同理心对待来访者时，也应该教育年轻的、初入心理咨询行业的咨询人员在工作时注意个人信息公布的界限，保护好个人隐私。

当人们习惯于强调心理咨询师应该给来访者呈现良好的印象，以此激发来访者寻求帮助的积极意愿的同时，也不能忽略来访者给心理咨询师留下的不良印象，它同样会影响心理咨询师的工作热忱。在一般情况下，心理咨询师并不了解来访者的身份，也不可能刻意选择来访者。因此，在心理咨询实践中，对于不怀善意或另有图谋的来访者，心理咨询师有权加以回绝，以维护自身安全和正常的工作状态。

附录1.1　咨访关系

咨访关系

1. 咨访关系是一种特殊的专业关系，为保持咨访关系的专业性质，心理咨询师不应利用咨访关系与来访者发生亲密关系或性关系，以满足自己的需要，或满足来访者的不合理要求。

2. 在开始建立咨访关系前，心理咨询师应向来访者说明可能影响咨访关系的各种因素，以协助来访者决定是否建立咨访关系。

3. 在咨访关系中，心理咨询师应认清自己的咨询角色与功能。心理咨询的目的在于协助来访者成长，增进其处理问题的能力和技巧，而非代替来访者做出决策。

4. 在咨访关系中，心理咨询师应认清自己的专业能力、经验、局限性及价值观，避免提供超出自己专业知识能力范围的咨询服务，并不得强制来访者接受咨询者的价值观。

5. 在咨询过程中，心理咨询师若遇到人情、利益纷争或角色冲突等情况，须避免与来访者建立咨访关系，应给予转介。

6. 咨访关系属专业保密关系，凡在咨询关系中所获得的资料均属个人隐私，原则上应予保密，未经来访者授权，不得向外界透露相关信息。但有自杀（伤）、伤人或违反法律者除外。

附录1.2 心理咨询师守则

心理咨询师守则

1. 心理咨询师应平等对待每位来访者,不得因来访者的性别、年龄、职业、民族、国籍、宗教信仰、价值观等任何方面的因素歧视来访者。

2. 心理咨询师在咨访关系建立之前,必须让来访者了解心理咨询工作的性质、特点、局限性以及来访者自身的权利和义务。

3. 进行心理咨询时,心理咨询师应与来访者对咨询的重点进行讨论并达成一致意见,必要时(如采取某些方法或参与研究等)应与来访者达成书面协议。

4. 当心理咨询师认为自己不适合对某位来访者进行咨询时,应向来访者做出明确说明,本着对来访者负责的态度将其转介给其他合适的心理咨询师或其他专业人员。

5. 心理咨询师必须始终严格遵守保密原则,具体措施可参阅《心理咨询保密原则》。

6. 为保持良好的精神状态和咨询效果,一般情况下,咨询会谈时间以50~60分钟为宜,每周一次,需事先预约。如遇特殊情况,则酌情协商。

7. 咨询服务为免费(或收费,收费标准为每小时____元)。

附录1.3 心理咨询工作量登记表

编号：_____

心理咨询工作量登记表

心理咨询师		工作时间		工作地点	
咨询个案					
次数	人数	结案数	流失数	咨询时数	
督导个案					
时间	对象	性质	地点	是否转介	
团体培训				总时数	
时间	对象人群	培训主题		地点	
危机干预				总时数	
时间	地点	事件		效果	
社团指导				总时数	
网络咨询				总时数	
回答次数				留言次数	
网站信息的发表					
发表文章			发表刊物及时间		

第一章 心理咨询与心理咨询师质素

附录1.4 心理咨询师考核评估表

编号：_____

<h2 style="text-align:center">心理咨询师考核评估表</h2>

评分：非常满意——5分；比较满意——4分；符合职位要求——3分；比较不满意——2分；非常不满意——1分。

姓名		职位		受聘时间	
单位			考核时间		
个体咨询			评分： 评议人： 年 月 日		
团体咨询教学其他业务			评分： 评议人： 年 月 日		
个案管理工作绩效			评分： 评议人： 年 月 日		

附录1.5 心理咨询师工作综合绩效考核表

编号：_____

<h3 style="text-align:center">心理咨询师工作综合绩效考核表</h3>

心理咨询师姓名：	考核日期：
绩效考核小组负责人姓名：	
绩效考核小组成员姓名：	
心理咨询师个人述职：	
年终绩效：（各项工作的权重比例：咨询数量×50% + 课程×30% + 团体辅导×10% + 业务项目×10% = 年终绩效）	
出勤率：	
服务效果：	
年度评估结论：	
奖励状况：	
	考核负责人签名：
	日期：

第二章 来访者的权利和义务

为了确保心理咨询工作的顺利进行，维持良好的咨访关系，取得心理咨询的预期成效，来访者需要知晓其接受咨询服务时的权利和义务。

一、来访者的监督权

心理咨询是一项人与人之间的服务性工作。处于心理困惑中的来访者在寻求咨询服务时，常常求助心切，渴望心理咨询师能立竿见影地解决自己的难题，便有意无意地将自己定位在有困难且需要帮助的被动位置。然而，咨询服务不一定都是非常顺利、咨访双方彼此满意的过程，一旦发生纠葛、产生矛盾，对来访者情绪状态的影响会更大，甚至会使来访者的痛苦倍增。事实上，来访者在咨询工作中并非被动无能，他们的监督与协助对心理咨询运作的完善和咨询工作成效的提高有着不可忽视的作用。来访者随时可以向咨询机构提出意见或建议，积极参与咨询工作的评估。来访者的参与往往对咨询工作的顺利进行和咨询机构的妥善管理起着举足轻重的作用。

在咨询起始之前，心理咨询师应该向来访者清楚地介绍该机构的基本状况和规章制度,例如,咨询程序、保密原则、个人信息的监控和咨询效果评估等内容。心理咨询师有必要切实说明自己的资历与经验,以增进来访者对心理咨询师的了解与信任。尤为重要的是,心理咨询师必须告知来访者,倘若其对咨询工作有疑问、异议或感到困惑,可以向何处、何人提出自己的意见;如果来访者对咨询工作或心理咨询师感到不满,可以向何处投诉。在咨询协议中有必要明确注明该机构主管领导的联系方式,以便来访者可以直接询问或投诉。

  心理咨询通常是来访者与心理咨询师两个人之间的活动。倘若在咨询过程中,任何一方有伤害行为,另一方没有他人援助,便很容易受到伤害。例如,曾有来访者在咨询过程中被丧失道德和理性的心理咨询师强奸;当然,也有善意助人的心理咨询师被情绪混乱的来访者殴打致伤。

  来访者很可能是没有咨询经验的弱者,所以在咨询前必须知晓自己的权利。当来访者在咨询过程中发现有任何令自己感到不舒服的状况或受到伤害时,其都有权利提出异议和投诉,甚至报警。来访者可能受到的伤害是多方面的,包括精神上的,如受到侮辱、责骂、讽刺、嘲笑;身体上的,如推打拉扯;经济上的,如敲诈勒索;性方面的,如性骚扰、强奸。来访者所受到的伤害常常从细微处开始,逐渐趋于严重。

  咨询机构的严谨管理和心理咨询师的规范操作既能给来访者呈现一种稳重的、专业性强的第一印象,也能帮助来访者克服焦躁不安的情绪。因此,与来访者初次会面时安排几分钟程序式的介绍,向来访者说明他们的权利和义务,听起来似乎是套话,但实质上是尊重来访者的具体表现。在咨询起始阶段,虽然来访者求助心切,好像并不关心这些权利和义务，但是，开宗明义、规范清晰的说明能使来访者感到自己并非只是一个等待他人相助、处于被动地位的角色，也能使其明白自己在整个咨询过程中的自主性与参与性，这将有效地增强来访者的自信心和能动性。

二、来访者的选择权

在消费时，人们常会货比三家。某些来访者在寻求咨询服务时，也会采用同样的策略。来访者有可能会在同一时期约见不同的心理咨询师，希望能得到不同的建议，观察比较哪位心理咨询师更符合心意。来访者的这种想法可以得到理解，但需要注意的是，最好提醒来访者不要在同一时期分别咨询相互间并无联系的不同心理咨询师。原因很简单，每位心理咨询师都有其特殊的风格。常言道，条条大路通罗马，每位心理咨询师都可运用自己擅长的方式和特有的风格来帮助来访者，而来访者却不一定能在很短的时间内理解心理咨询师采用的方式的内在深层含义。如果同时有几位心理咨询师给来访者提供不同方式的帮助，有可能会令来访者的情绪更为混乱，思路更为纠结，甚至对其造成不必要的伤害。

在危机干预、团体咨询、成长互助小组等心理辅导工作中，通常有几位心理咨询师一起协作，形成一个工作团队。在这种情境下，团体小组成员或来访者可以与工作团队里的多位心理咨询师进行沟通交流。

在心理咨询、心理治疗和危机干预工作中，并非总是一帆风顺、茅塞顿开、问题总能迎刃而解的。有些来访者咨询了几次后效果并不理想，就产生了放弃的念头，自暴自弃，甚至走向绝路。来访者应该了解，心理咨询通常不是立竿见影的解决方式，自己对许多问题也不能轻易顿悟。来访者要给自己一些时间，也要给心理咨询师一些时间。不过，来访者也有权利拒绝不适合自己的心理咨询师。当来访者发现自己并不适合与该心理咨询师继续合作时，在结束与其的咨访关系后，可以选择更适合自己的其他心理咨询师。

心理咨询的效果受诸多因素的制约。来访者要理解某些时刻的咨询效果欠佳并不意味着自己没救了，也不一定是心理咨询师的能力不够，各种因素都有可能导致咨询失效，甚至失败。来访者有权终止咨询，有权选择最适合自己的心理咨询师。只是在寻求心理咨询和帮助时，来访者不要轻易停止求助，不要因为第一位心理咨询师帮助不了自己，就失去了对心理咨询甚至对自己的信心。来访者可以寻找另一位心理咨询师，寻求其他的解决方法，绝不要自我放弃，如果不合适的话仍然可以继续寻找。要相信只要我们努力去寻找，总会找到最适合自己的那位心理咨询师，希望就在前方！

三、 来访者的变更权

一般情况下，每次心理咨询时间为 50～60 分钟。首次面谈涉及文件的签署和情况介绍，咨询时间会较长一些，约 90 分钟。当然，对于某些特例与危机状况，咨询时间的长短则另当别论。

大量的统计资料和服务经验表明，60 分钟的咨询时间是最合适的长度。时间太长，来访者有可能因涉及太多内容而感到混乱，也有可能会在同样的问题里转来转去，导致思绪不清。60 分钟的咨询时间基本能就某一方面的问题有所认识，其他问题可以在下一次咨询时再做讨论。

限定咨询时间不仅有利于心理咨询师有效安排工作，也能协助来访者学习如何应对自己所面临的困境。某些来访者因为焦虑和情绪混乱，反复叙述自己的苦恼，不知如何停止自己的述说。训练有素的心理咨询师通常在聆听来访者描述了一段时间之后，便可以基本了解来访者的困惑，然后在一堆杂乱无章的困惑中，发现来访者的主要困境，从中提炼出最主要的矛盾，与来访者就关键问题进行沟通。

在心理咨询工作中，心理咨询师有时会遇到仅一次咨询就使来访者豁然开朗、拨开迷雾、重见光明的情况。不过，对于大多数陷于困境的来访者来说，通常需要多次咨询方能收效。鉴于以往的经验，每次 60 分钟的咨询能协助来访者学习如何切实地解决现实困难，清晰地理清自己的思路，真实地找回自信与勇气，然后充满信心地走出困惑迷惘之境。

两次咨询的间隔时间以一个星期为佳。有些问题较复杂的来访者可能需要更多或更长时间的服务，其咨询的间隔时间会相对短一些，具体安排可视客观情境而定。在两次咨询的间隔期内，来访者与心理咨询师双方都可以进一步就所谈论的问题进行分析与消化、研究与反思。来访者也能在下一次咨询前，反复实践在上一次咨询时所了解和习得的方法，以便在下一次咨询时能将自己的感受反馈给心理咨询师，双方可以相互协商讨论，以加强咨询效果。

四、 来访者的隐私权

那些踏进心理咨询室的来访者，相比一般人来说，可能会卷入更为复杂的纠纷,有着更为奇特的故事。某些来访者在讲述他们的经历时,一旦涉及他们为之心痛的隐私,因顾及事态的重大利益得失,常会欲言又止、举步不前。

在咨询过程中,无论是出于好奇心,还是为了寻求更好的解决方案而探究故事的完整性,一些心理咨询师有可能会引导或规劝来访者表露其隐私,甚至强制要求来访者说出事态的关键信息。比如,有一位未婚先孕的年轻来访者,身心受挫、情绪低落,心理咨询师再三询问,她也不愿说出孩子的父亲是谁。心理咨询师在尚未建立良好的咨访关系时,就急迫地希望尽快解决问题,不停地追问其各种隐私,结果导致那位来访者捂着脸哭泣着跑出了咨询室,再也不愿回来。

对于一些初入心理咨询行业的心理咨询师来讲,他们需要面对的是一些不连贯的情景片段,听到的是亦真亦幻的故事,处理的是关键之处被隐匿的曲折困境,这确实是一个艰难的过程。对于这种情况,首先,心理咨询师应该明确"来访者有隐私权,不得强迫、诱导或规劝他人表露其隐私,以免造成心理伤害"。其次,心理咨询师应该知道,来访者之所以不能畅所欲言,有可能是因为对咨询工作的性质理解得不够透彻,也有可能是因为他们对心理咨询师的信任度不高。信任关系是需要慢慢培养的,来访者也需要一定的时间。最后,心理咨询的重点是帮助来访者稳定情绪,协助来访者挖掘自己的潜能来解决问题,增进来访者自己走出困境的能力与自信心。因此,故事的完整性、人物的真实与虚假、隐私的披露与隐藏都不是咨询的关键,心理咨询师与来访者之间的尊重与信任才是至关重要的。

附录2.1 来访者的基本权益

来访者的基本权益

1. 来访者的基本权益应得到尊重、维护和保障。

2. 来访者有查询咨询机构与咨询人员专业资格的权利,以确定咨询的意愿。

3. 来访者有接受或拒绝咨询的权利,不得强制、利诱、歧视或拒绝。

4. 来访者有决定咨询目标和改变行为的权利,故在拟定目标、学习过程及技术运用时,心理咨询师须与来访者共同协商,避免自作主张。

5. 来访者有参与或拒绝参与咨询活动的权利,心理咨询师不应强制来访者参与其认为不合适的活动。

6. 来访者有隐私权,不得强迫、诱导或规劝其表露隐私,以免造成心理伤害。对来访者表露的个人信息,应做好保密工作。

7. 来访者有建立、维护及追寻自己的价值观和人生观的权利,不可强制来访者接受心理咨询师的价值观或人生观。

附录2.2 来访者的权利和义务

来访者的权利和义务

1. 来访者享有对心理咨询机构所提供的服务进行监督的权利。

2. 来访者在预约后有权接受、改期或拒绝心理咨询。如取消咨询，需提前24小时取消预约。24小时以内的取消咨询仍会被计为咨询时间。

3. 来访者有权根据个人情况与心理咨询师协商和选择心理咨询方案。

4. 来访者在接受其他心理咨询机构的心理咨询与治疗方案期间，暂不适合与本咨询中心建立咨访关系。

5. 同一来访者不能同时预约两位或两位以上的心理咨询师，如来访者已与本机构的一位心理咨询师建立咨访关系，将不能再与其他心理咨询师建立咨访关系，也不能与其他心理咨询机构建立咨访关系。

6. 若来访者要求转介咨询，应及时告知心理咨询师。心理咨询师应协助并做好转介工作。

7. 在接受咨询服务的过程中，若来访者想终止咨询，应及时告知心理咨询师。

8. 来访者在咨询时间以外不可打扰心理咨询师的正常生活。

9. 来访者对咨询工作有任何异议或意见可直接通过投诉电话和邮件向本机构主管反映。

来访者签名：

日期：

第二章 来访者的权利和义务

附录2.3 来访者基本情况登记表

编号：_____

来访者基本情况登记表

工作单位（学校院系）：		工号（学号）：	
姓名：	性别：	出生年月：	
民族：	籍贯：	联系电话：	
原居地：			
家庭成员及关系： 成员：　　　　关系（勾选）：好　中　差 成员：　　　　关系（勾选）：好　中　差 成员：　　　　关系（勾选）：好　中　差			
例举您可以寻求帮助的人群：			
紧急情况联系人：　　　　　　　　　电话： 地址：			
既往史（过敏史；严重疾病；心理、精神疾病史）：			
曾接受过心理咨询的机构：			
最近一年内和早期的重大事件：			
个人特长：			

附录2.4 心理咨询个案记录表

编号：_____

心理咨询个案记录表

心理咨询师：　　　日期：　　　地点：	
来访者：　　　性别：　　　年龄：　　　次数：	
咨询记录（主要问题）：	
咨询记录（问题分析）：	
心理评估（认知、情感、行为及社会功能）：	
自杀评估（有无自杀观念、计划、行动等）：	
既往史（过敏史；严重疾病；心理、精神疾病史）：	
咨询目标：	
咨询计划：	
本次咨询的主要内容：	
问题分类：　　　是否转介：　　　是否回访：	

第三章 心理咨询的保密原则及其破例情况

一、心理咨询的保密原则及其局限性

案例一

14岁的女学生小丽神情抑郁地问心理咨询师:"来访者所谈论的事情都是保密的吗?"

心理咨询师答道:"对,我们会保密。"

"你确定不会把我的事情告诉任何人吗?"小丽追问道。她不愿意任何人知道她的痛苦,尤其是她的父母。

心理咨询师真心想帮助这个学生,马上答应了。"是,我们会保密。我保证!"心理咨询师回答得誓言旦旦。

小丽诉说了她的痛苦和她准备解决痛苦的方式。她说自己已经悄悄地把妈妈的安眠药收集起来,共有60多片。她随时都想把药片全部吞下,将所有的烦恼与痛苦一并消除,给自己真正的自由。

这时,心理咨询师该怎么办?怎样才能确保小丽的生命安全?心理咨询师不可能时刻守护这个学生,那心理咨询师能请人帮忙吗？能通知小丽的父母吗？需要遵守保密原则吗？可以背弃自己的承诺吗？

案例二

大林怒气冲冲地走进咨询室。"你们有保密原则，对吗？我说的话你们不会往外传吧？"

"当然不会，我们对来访者说的事情都保密。"心理咨询师答道。

"好，如果你们说出去，那就有没有人会信任你们，心理咨询就完蛋了。"大林威胁道。

随后，大林说出他精心策划的"复仇记"。他说自己准备开车带着那位背弃他的女朋友一起从山上冲进峡谷，同归于尽。

面对预谋自我伤害或伤害他人的个案时，心理咨询师应该怎么办？

在咨询工作中，类似小丽和大林的各种伦理冲突案例时有发生。经过专业培训的心理咨询师都清楚地明白自己有责任保护来访者的隐私权，都知晓国家法律和专业伦理守则对保密的内容与范围有着明确的规定与约束。心理咨询师尊重每一位来访者，尊重他们的隐私权，若没有来访者的应允，心理咨询师不得泄露来访者的个人资料。

不过，隐私的保密原则并不是绝对的，而是有局限性的。一般而言，下列情形为保密原则的例外情况[①]：

[①] 资料来源于《中国心理学会临床与咨询心理学工作伦理守则》。

- 心理师发现寻求专业服务者（来访者）有伤害自身或伤害他人及公共安全的严重危险；
- 未成年人等不具备完全民事行为能力的人受到性侵犯或虐待；
- 法律规定需要披露的其他情况。

为了避免在咨询过程中出现伦理冲突，首次面谈时，在来访者谈论自己的个人困惑之前，心理咨询师应与来访者共同签署心理咨询协议，在协议中标明对于来访者的个人资料、信息和隐私的保密，以及保密原则的局限性。如果来访者有任何疑问，心理咨询师都需要向其解释清楚，只有双方都对保密原则清晰明了之后，咨询工作方可开始。倘若在咨询过程中出现了伦理性的矛盾与冲突，便按照规章程序行事，伦理难题将迎刃而解，来访者和心理咨询师的压力也会随之减轻。

二、伤害自身的危险性等级与评估

认识并理解心理咨询中的保密原则及其局限性，对心理咨询师来说并非难事，但在心理咨询工作的实际操作中，则并非易事。随意报告、擅自泄露来访者的隐私将严重损害咨访关系。但也有特殊情况，如若知情不报，来访者的生命安全可能会受到威胁。面对以上情境时，心理咨询师应如何简明扼要地向来访者解释这些问题？如何权衡保密原则的局限性？如何避免类似上述个案的两难境地？这些都必须在咨询前就做好准备，需要与来访者充分沟通，以避免事发时的紧张慌乱、不知所措。毕竟那些攸关生命的危机事件并不是经常会发生的，心理咨询师没有很多机会去经历与实践，必须在学习和培训时对这些伦理问题了解得一清二楚，方能在实践工作中临危不乱。

究竟什么情况属于特殊案例，可以使保密原则破例？心理咨询师应该如何定义"严重危险"？在确认"严重危险"后，又该如何处理？如何报告？每个心理服务机构都要对这一系列问题制定详细的操作流程与处理程序，以便心理咨询师能在工作中认清专业、伦理及法律的责任，有效避免严重危险事件的发生，维护专业信誉。在紧急状况下，切实可行的操作流程将帮助心理咨询师安全、妥善、迅速地按照法规办事，有效地干预危机，维护来访者和社会的安全，保持高水准的专业服务。

（一）自杀危险度的等级

心理咨询和心理治疗工作中的保密原则并非无条件的。就保密局限性的第一条原则而言，"当心理咨询师发现寻求专业服务者（来访者）有伤害自身或伤害他人的严重危险时"，保密就不在限制范围之内了。也就是说，为了来访者或第三方的人身安全，心理咨询师不能缄守秘密，应寻求恰当的救助。那么，如何界定来访者是否处于"伤害自身"的严重情况？如果一位来访者说"我不想活了，死了算了"，这种情况是否符合"伤害自身"的严重情景？心理咨询师在什么时候、以怎样的理由才有权力打破缄默，向有关部门报告自杀个案？这些问题的回答都需要心理咨询师知晓保密原则的可用范围。

严重危险个案就是已经采取伤害自己的行为的来访者。有些来访者吞下毒药、毒品，割破血管，伤害自己的身体，并在寻求帮助时再三强调"不要告诉别人"，要求心理咨询师替他们保密。

但此刻心理咨询师不能保持缄默，而应该直接告知来访者："心理咨询师不可能做到医疗帮助，也不可能始终一个人守护着来访者。"心理咨询师的个人能力是有限的，为了来访者的生命安全与健康，为了弥补那些已经造成的伤害，为了预防自杀和防止来访者进一步伤害自己，心理咨询师必须立刻寻求医疗帮助，需要与医护人员和其他人士共同协作，只有这样，才能在来访者情绪不稳定时进行必要的救治与监护。心理咨询师应让来访者了解，所谓"报告"并非将他们的隐私泄露给大众，况且，在转介过程中披露的信息只是来访者躯体受伤的状况，并不涉及来访者自杀的心理原因等隐私。

此外，对于具有自杀倾向的来访者需要进行自杀危险度的评估，只有通过详细的评估，才能获取第一手信息，获得打破缄默、不再保密的事实依据。

世界卫生组织将自杀危险度分为五个等级：

·不存在：本质上无自我伤害的风险。
·轻微：自杀想法有限，无自我伤害的行为，无自杀计划，也未尝试过自杀。
·中等：有明显的自杀意念，存在自杀风险，但不存在明确的自杀计划。
·严重：存在两项或更多项风险因素。来访者已表述出自杀想法和意愿，并具备成熟的自杀计划及实施方式。来访者表现出认知上的偏执和对未来的绝望，或拒绝任何社会援助，或曾有过自杀尝试。
·极严重：来访者已具备明确而成熟的自我伤害计划和已做

好相应的准备，存在多项自杀风险，或曾多次尝试自杀。

经过评估，当来访者的自杀危险度为严重和极严重的状况时，就已超出了咨询保密的局限性，需要及时报告，启动危机干预机制，寻求外界的援助。

（二）自杀危险度评估的要点

是否启动自杀预防和危机干预机制，是否有必要将来访者列为处于严重危险情景而不再为其保密，都取决于自杀危险度的评估。完整、准确的自杀危险度评估，是挽救来访者生命和增进来访者的心理健康的根基与关键。以下列举了自杀危险度评估的五个要点。

1. 直接询问

有关自残、自杀等话题常常是对话的禁忌，人们误以为谈及自杀的话题会引起情绪低落者的自杀念头。事实上，当人们抑郁、痛苦、绝望时，自杀的想法和计划早就盘旋在他们的头脑里。在预防自杀和进行危机干预时，倘若我们不直接询问这个至关重要的话题，那我们就不可能真实地了解来访者的自杀想法与计划，以至于无法进行危机干预，很有可能丧失救助的良机。

在自杀预防的评估过程中，有些来访者在首次回答是否有自杀的想法或行为时，有可能因为焦虑、窘迫或其他各种原因而做出否定的回答。心理咨询师在评估时不要急于得出结论，因为处于危机状态的来访者思维较混乱，经常会不知该如何恰当地回答问题和表达自己的想法。若心理咨询师能向来访者提供一个较为安全、舒适的环境，尝试用不同的沟通方式继续进行危机评估，给予来访者充分的时间去思考和组织他们自己的语言，就更有可能获知来访者真实的心理状况。

直接询问的方式多种多样,例如:

"在你感到最沮丧、最痛苦、最绝望的时候,你会怎样做?"

"你是否想到要伤害自己?"

"你是否想过或者正在考虑要伤害自己?"

"你打算结束自己的生命吗?"

"你是否试图自杀?"

"你是否计划过结束自己的生命?"

"你有没有自杀的具体方案和计划呢?"

"你准备何时实施你的自杀计划呢?"

不同文化背景、不同年龄、不同社会阶层的来访者所运用的言语表达会有差异。因此,在进行危险度评估时,心理咨询师应该选择来访者最能接受的沟通方式进行直接询问。

2. 痛苦程度

关于自杀的研究显示,自杀并不是想要结束生命,而是为了终止痛苦。企图自杀者通常承受巨大的痛苦,这种痛苦使他们痛不欲生,令他们萌生自杀的念头。如果痛苦程度的评分很高,那么这个来访者的自杀危险度就较高,必须引起关注。

3. 痛苦容忍度

痛苦容忍度与自杀危险性呈负相关。容忍度越高,自杀的可能性就越小;反之,容忍度越低,自杀的危险性就越高。

4. 自杀计划

自杀计划是评定自杀危险性的关键因素。自杀计划是指来访者是否已经策划好具体的自杀方式,确定了自杀的时间,有了自杀的工具或协助手段,或已选择好地点和场所。如果计划已经准备就绪，那么，自杀的危险度将提升到红色警报阶段，意味着需要紧急救助。

5. 相关因素

过去企图自杀的次数与方法，家庭成员或亲友有无自杀行为，平时是否具有冲动性行为，等等，都是影响自杀危险度的重要因素。经过自杀危险度的评估，当确认某位来访者已认真策划了自杀行动计划，而且马上就可能实施时，心理咨询师应该立即向主管领导和救助单位报告。在报告时主要谈及那些与来访者安全相关的自残或自杀计划，而不是来访者的自杀缘由与痛苦事件，不要轻易泄露来访者的隐私。

三、 伤害他人和伤害未成年人的评估与报告

在进行心理咨询时，如果来访者谈及任何人的生命将受到威胁，为了保护他人的安全，心理咨询师有责任向公安部门或有关部门报告，以确保第三方人员的安全。如上文谈到的大林，他已经计划好要带自己的前女友一起赴死，那前女友就是生命受到威胁的第三方。心理咨询师以其个人能力无法保证大林前女友的生命安全，因而需要报警救助。

心理咨询师常能听到来访者愤愤地说："我恨死他了，我要他死！""他太可恶，真想杀了他！"这些有关死亡的言论究竟是伤害他人的计划，还是个人情绪的宣泄？心理咨询师必须对其进行评估。

评估的方式类似自杀危险度评估，同样要了解来访者以下的一些情况：

- 来访者的怨恨程度。
- 个人的容忍度。
- 来访者平时是否具有暴力倾向？
- 来访者是否已拟订了伤害他人的行动计划？是否已确定伤害他人的时间、地点、方法？伤害行动的强烈性有多大？
- 伤害他人的计划是个人行为还是群体行为？有多少人参与？
- 来访者以前是否有过伤害他人的前科？

伤害他人的危险度评估应与自杀危险度评估一样做好评估记录，万一心理咨询师涉及咨询纠纷，客观详细的评估记录都是情景分析的重要依据。通过评估就能发现第三方人员是否处于危险境地，是否有必要为了确保他人的安全而不再保密，是否需要即刻报警。

就未成年人保护而言，《中华人民共和国未成年人保护法》明确指出："禁止对未成年人实施家庭暴力，禁止虐待、遗弃未成年人，禁止溺婴和其他残害婴儿的行为，不得歧视女性未成年人或者有残疾的未成年人。"在心理咨询的过程中，涉及未成年人受到伤害，或未成年人有可能受到伤害的任何事件，心理咨询师都应在第一时间依法向有关部门报告，以阻止该类事件的发生。

四、危机干预者和心理测评者的承诺

任何有可能涉及心理测评、自杀危机干预或伤害他人危机干预的工作人员，都应该经过关于保密原则与其局限性的培训，以便能在日后的咨询工作中随时参与危机干预。

就危机干预而言，心理咨询师不可能以其个人的力量每天24小时监护危险度极高的有自杀倾向的来访者，这需要更多人员的协助。常见的协助人员是医院急诊室的医护人员、机关领导、学校任课老师、辅导员、学生干部等。所有经过保密原则培训的人员都应该在完成培训后签署保密守则的协议文件。

公安局、派出所的警察和治安人员通常也是危机干预的参与者。学校、机关单位、公司、商场等场所的治安和保安人员在面对和处理自杀或伤害他人的情况时，也应遵守保密原则。

为了维护学生的心理健康，高校的辅导员或学生工作相关人员经常会参与一些有关学生心理健康的测评工作。这些工作人员在测评前除了学习测评的方式方法外，亦需接受有关学生心理测评资料的保密原则的培训，以保障学生心理健康工作的顺利进行。

第三章 心理咨询的保密原则及其破例情况

附录3.1 自杀干预记录表

编号：_____

自杀干预记录表

来访者：	日期：	心理咨询师：

当前问题
□自杀行为 □自杀念头 □自伤行为
□其他：

心理痛苦程度
0 ├──┼──┼──┼──┼──┼──┼──┼──┼──┤ 10
没有　　　　　　　　　　　　　　　　非常痛苦

心理痛苦容忍度
0 ├──┼──┼──┼──┼──┼──┼──┼──┼──┤ 10
无法容忍　　　　　　　　　　　　完全可以容忍

自杀危险度
目前计划：□有　□无
具体方法（可行性）：
过去企图自杀的次数与方法：
家庭成员或亲友有无自杀行为：
既往的冲动性行为：

续上表

影响因素		
☐使用毒品或酗酒	☐情感冲突	☐家庭暴力
☐经济压力	☐孤独	☐学校或工作问题
☐家庭冲突	☐丧失亲友	☐被性侵犯
☐精神疾病	☐其他：＿＿＿＿＿＿	

支持系统
初级安全计划（口头与书面合同，支持系统信息）：

危险度评估
☐紧急　　　☐高　　　☐中　　　☐低
（详细了解具体的行动计划、忧郁状况、精神疾病、药物治疗情况，其他的危险性因素等）

通知相关人员	
姓名：	执行人：
电话：	单位：
日期：	时间：
备注（通知结果）：	

心理咨询师签名：

附录 3.2　危机干预工作者的保密协议

编号：_____

危机干预工作者的保密协议

在遵循国家法规的前提下，危机干预工作者应严格遵守危机干预的保密原则，未经来访者或监护人同意，不得将有关来访者的信息泄露给他人或向外界公布。

在危机干预工作中，一旦发现来访者的行为有严重危害自身或他人的情况，将采取必要措施，防止意外事件发生，必要时通知有关部门和家属。

危机干预工作者签名：

年　月　日

附录3.3 心理测评工作者的保密协议

编号：_____

心理测评工作者的保密协议

在遵循国家法规的前提下，心理测评工作者应严格遵守测评工作的保密原则，未经来访者或监护人同意，不得将有关来访者的信息泄露给他人或向外界公布。

在心理测评工作中，一旦发现来访者的行为有严重危害自身或他人的情况，将采取必要措施，防止意外事件发生，必要时通知有关部门和家属。

心理测评工作者签名：

年 月 日

第四章 心理咨询协议

《中华人民共和国精神卫生法》和《中国心理学会临床与咨询心理学工作伦理守则》(以下简称《伦理守则》)已相继推出,并逐步被完善。工作在第一线的心理咨询师不仅要充分熟悉和理解这些法律与守则,更为重要的是付诸行动。在实际工作中,在应对错综复杂的案例时,心理咨询师应如何按照规章制度行事,则有赖于操作细则的制定与落实。

一、心理咨询协议签署的意义

心理咨询协议是依据心理咨询法规和《伦理守则》而制定的文件,目的是确保来访者的权益和咨询工作的顺利进行。心理咨询协议是在咨访关系确定时所签署的文件。也就是说,心理咨询师第一次会见来访者时,必须要向来访者详细说明心理咨询行业的规范与守则。

来访者在寻求心理上的帮助与支持时,通常不了解心理咨询行业的法规与条例,他们常以自己的理解来判定心理服务的准则。有时,来访者个人的理解与认识并不全面,心理咨询师有必要在咨询工作开展之前解答来访者的所有疑问,及时解释与澄清各种疑虑。

来访者通常认为其与心理咨询师的谈话是绝对保密的,但事实并非如此,心理咨询师必须在咨询开始前向来访者解释清楚保密原则及其局限性。来访者通常会希望心理咨询师能帮自己立马解决困扰已久的难题,并且希望症结能迎刃而解。然而,问题的解决往往需要时间,更需要来访者自己振作起来,发挥自身的潜能来克服其所面临的困境。

来访者常常会提出一大堆问题,盼望着心理咨询师能为其一一解答,为其人生做出抉择。但是,心理咨询师不可能为来访者做出命运的选择,心理咨询师能做的只是帮助来访者稳定自己的情绪,使其理智地面对困境、客观地分析问题,以协助来访者自己做出合适的选择。

总而言之,咨询协议的签署是为了帮助来访者了解心理咨询行业的基本规范与守则,理解他们所拥有的权利和义务,可以增加心理咨询师与来访者之间的信任,为建立良好的咨询关系奠定基础,以提升咨询效果。

二、 心理咨询协议的要素

除了心理咨询师的同理心与高超的技能外,信任也是心理咨询成功的要素之一。著名的心理学家卡尔·罗杰斯(Carl Rogers)的"来访者中心理论"已明确地说明了这一点。罗杰斯的女儿娜塔莉·罗杰斯(Natalie Rogers)在她的著作中详细地解释了她父亲的观点:"治疗师应该保持同理心和开放性,以真诚、平等和关爱之心去积极聆听,促进个人和团体的成长。

这个理念是基于对来访者的信任之上的，因为每个人都有价值、有尊严、有能力自我导向。"[1]

信任不只是一个词汇，它更是由人们的言行所呈现的一种关系。心理咨询协议的签订有助于来访者了解心理咨询工作的规范和管理方式，消除他们的担忧和疑虑，增进其对彼此间关系的信任。

心理咨询协议通常简单明了、言语通俗，它主要包括寻求心理咨询的自愿性、信息的真实性、信息公布的自愿性、个人信息的保密性和咨访关系的专业性五个方面。当然，不同的咨询机构可以按照本机构的性质进行调整。例如，成年人受性侵犯者的心理咨询可以增加针对其创伤经历的保密与起诉方面的内容；儿童心理咨询中需要注明关于保护儿童的特别内容；吸毒酗酒者的心理咨询协议中需要添加心理咨询时必须保证神志清醒等条款。各类咨询均可按照个案类型的实际状况而制定不同种类的咨询协议。本书的第一章和第三章分别对咨访关系的专业性和个人信息的保密性有较为明晰的阐述，因而下文将围绕另外三个方面进行展开。

（一）心理咨询的自愿性

在咨访关系中，来访者是寻求专业服务者，心理咨询是来访者自愿且主动寻求专业服务的行为。在心理咨询工作中，经常会出现一些家属、老师或其他人员强制他们认为"有问题"的人接受心理咨询的情况。人们总认为强制执行也能达到咨询效果，其

---

[1] Natalie Rogers, *The Creative Connection: Expressive Arts as Healing* (California: Science and Behavior Books, 1993).

实不然。多数人不会屈服于强制的行为，他们不愿意参加其他人为自己预定的心理咨询。

那些被强迫而来的来访者没有寻求帮助的意愿，因而有可能出现以下三种情况：第一种情况是抗拒。因来访者并非自愿寻求帮助，所以他们不愿接受帮助，不愿袒露自己的内在情绪，也不愿在行为上有所改变，更不愿去实现他人的愿望。这些"来访者"或沉默不语，或抵触反抗，抑或擅自离去。第二种情况是来访者成了被动受教育者。经过心理咨询师苦口婆心的谆谆教诲，来访者有所启发，表示愿意接受教育，也愿意聆听，但不参与沟通。整个咨询过程基本上是心理咨询师的"一言堂"。不过，这种"一言堂"仍会让来访者有所受益。第三种情况是来访者接纳了心理咨询师，个人的意愿发生了变化，理解到心理咨询的目的和意义之所在，转化成自愿寻求帮助的来访者。

近年来，常见的"强制心理咨询"的个案对象是那些网络成瘾的青少年们。他们不分昼夜地上网或玩电脑游戏，严重影响了学习、生活等社会功能。他们沉迷于电脑之际，基本上没有"寻求帮助"的愿望。与这些网络成瘾的来访者见面时，他们通常没有意愿签署心理咨询协议，也不愿接受心理咨询。所以，我们要请他们的家长或监护人签署，让家长或监护人了解心理咨询的法规与守则，希望他们能与心理咨询师一起帮助来访者。心理咨询师若能本着真诚的态度和切实的同理心与来访者建立良好的咨访关系，聆听来访者的心声与困惑，那么"被强制接受咨询的来访者"就有可能成为自愿寻求帮助的来访者。

如果人们能"无条件"地接纳那些"网络成瘾者"，就会发现这些青少年们其实有着各种各样的痛苦经历与不被理解的委屈，其中许多人可能还有着超凡的天赋。因此，在强调心理咨询的自愿原则的同时，即便是"非自愿的来访者"，我们也不要轻易放弃。作为心理咨询师，我们要运用自己的能力和同理心去构建良好的咨访关系，将"非自愿"转换成"自愿"，增进来访者的心理健康，使他们感到幸福和安宁，促进和谐社会的发展。而这正是我们心理工作者的宗旨所在。

（二）信息的真实性

一般情况下，在进行心理咨询时，来访者能主动且自愿地向心理咨询师提供个人的真实情况。当某些来访者在缺乏自知力或无行为责任能力时，他们的监护人也能主动向心理咨询师提供求助者的客观信息。不过，在咨访关系建立的初期，少数来访者可能对咨询工作的保密性不太了解；或情绪混乱，无法提供确切的信息；也有可能对某种状况感到羞怯，因过于内疚而拒绝沟通；或因为自己的问题太复杂，难以理清思路。无论出于何种原因，都有可能导致来访者不愿提供真实信息，或提供与实际情形有所偏差的信息。

心理咨询协议有助于来访者理解心理咨询是一项专业性很强的工作，文件的签署表明双方责任的确定。该协议的签订表明，咨访双方都愿意真诚相待、共同协作，一起努力解决来访者的情绪困惑，使来访者走出困境。签订协议的过程，常常能够减轻和消除来访者的一些误解与顾忌。完善的管理和规范的制度可以增加来访者对咨询工作的信任度，进而减少疑虑。

心理咨询师奉行"以来访者为中心"的咨询原则，以"无条件接纳来访者"为操作方式，因而对于来访者所提供的信息应以信任为主。咨访关系中的信任是双向的，当心理咨询师期盼来访者信任自己时，心理咨询师首先要信任来访者。来访者会不同程度地存在自我保护和自我防卫意识。有时，来访者顾忌某些信息可能会对自己产生不良影响，因而有可能回避或否认。心理咨询师在沟通时，应尊重来访者的隐私权，无须即刻给予揭露或否定，也没有必要让来访者详细陈述其尚未决定是否要揭露的个人隐私。如果心理咨询师的态度过于强硬，便有可能会破坏原本脆弱的咨访关系。

富有经验的心理咨询师能充分理解来访者，即便来访者在咨询初期没有提供真实的或全部的信息，这并非表示来访者不真诚、虚伪或存心欺骗，他们只是对心理咨询师的信任度还不够，或心理自我防御机制的阻遏作用使他们还无法畅所欲言。另一种情境是来访者可能会提及一些不可思议的情景，心理咨询师的疑惑或不信任会不经意地从某个眼神、某个手势、某句话中流露出来，令敏感的来访者倍感委屈或愤怒，他们喊道："你不信任我吗？"

信任是发自内心的，心理咨询师只有在内心深处真的信任来访者，才能在咨询过程中表露出让人信服的真诚。相信来访者是会成长的，相信来访者有能力自己解决问题是咨询师信任来访者的具体表现。心理咨询师的信任能促进来访者的成长和咨访关系的改善，最终能帮助来访者放下思想包袱，真实地叙述自己的内心纠结和现实状况，真诚地寻求帮助，从而提高其心理健康水平。

当来访者缺乏行为责任能力时，应由监护人自愿向心理咨询师提供来访者的情况。虽然监护人可能并不了解来访者的所有情况，但是他们所提供的真实信息对咨询师是很有帮助的。然而，需要注意的是,当来访者具有一定的行为责任能力时,信息应该以来访者本人所提供的内容为基准,因为来访者才是我们服务的对象,我们应该信任来访者。例如,被贴上"网络成瘾"标签的学生,具体的表现行为有逃课、偷窃、与老师和家长发生严重冲突。家长和老师向心理咨询师提供了许多有关这位学生的不良行为的信息。在咨询初期,这位学生拒绝合作,对心理咨询师不理不睬。但久而久之,心为诚动。心理咨询师的同理心和真诚让他感觉到大家是真心想帮助他的。慢慢地,这位学生向心理咨询师提供了他曾被家长殴打、谩骂和羞辱的遭遇。在学校里,他也受到过同学们的欺凌和老师的歧视与偏见。尽管这位学生拖了许久才提供这些至关重要的信息,但这些来自来访者本人的真实信息对咨询工作的最终成功起到了举足轻重的作用。通过心理咨询,这位"网络成瘾"的学生认识到沉迷网络、逃避现实的自我发泄方式并不合理。当来访者意识到自己有能力解决心理的困境,家长也反思其不恰当的教育方式时,在老师、家长和心理咨询师的共同协助下,来访者改变了自己的网络成瘾行为,恢复了正常的社会功能。

(三) 信息公布的自愿性

一个人的心理困惑往往不是他自己一个人的问题,这与学校、家庭、工作单位、社交网络或周围环境都有着密切的关系。因此,解决一个人的心理难题,不是仅仅通过心理咨询师和来访者两个人的闭门谈话就能顺利解决的,有时需要多方面的协作。尤其是青少年的问题,更需要家长、学校、社区和心理卫生部门的共同努力,这样才能帮助他们的身心健康成长。

由于心理咨询的保密原则,心理咨询师不能轻易泄露来访者的信息。有时,为了更好地协助来访者解决心理困惑,需要其他相关人士或单位协同工作。这时，心理咨询师必须先征得来访者的同意，如果来访者同意自己的一些信息被转述给某个相关人员的话，他就要在咨询协议书上注明谁可以获得有关他个人的信息，并写上联系方式。例如，家长希望和学校的老师一起来帮助"网络成瘾"的孩子，作为来访者的学生也同意老师的参与，那么，这位学生就应在咨询协议书中填写老师的名字与联系方式，然后签上姓名。

在对青少年进行心理咨询时，心理咨询师需要清楚地了解青少年学生的监护人，以及可以向何人谈及该学生的心理问题。青少年学生的监护人一般来讲是他们的父母，当然也可能是经法庭确认的某位人士。人们通常不会留意青少年咨询的保密原则，认为他们不会有什么隐私问题。当然，有些学生年纪尚小，没有什么社会经历，的确不存在太多的隐私，但他们是家庭的一部分，在对他们进行心理咨询时，自然会涉及家庭的状况及隐私。有时，家长由于忙碌而没时间时，会请他们的朋友、亲戚或同事带领这些年纪较小的学生前来咨询。这些亲友们会关心地询问"这个学生的情况怎样？""有什么问题吗？"在这种情况下，心理咨询师必须注意保密原则：这些亲朋好友并不是这位学生的监护人，他们无权知晓这个学生的特殊心理状况。心理咨询师可以请当事人转告学生的家长或监护人，由家长或监护人直接与心理咨询师联系，以便相互交换意见。如若的确需要告知信息，则请学生的家长或监护人在咨询协议书上签字，说明哪位亲友有权知晓这位学生的情况。有了家长或监护人的签字，心理咨询师便可以坦诚地向该亲友谈论该学生的心理状态和咨询进展信息。

三、转介

每个咨询机构、每位心理咨询师都有其服务范围的局限性，并非所有来访者都能从咨询服务中获益。所以，一旦心理咨询师认定自己已不适合继续负责某位来访者的咨询事宜时，应向来访者明确说明原因，本着对来访者负责的态度将其转介给另一个合适的机构，或另一位合适的心理咨询师。

转介有两种方式，通常是由心理咨询师向来访者提供合适的服务机构或服务者的电话、地址等信息，由来访者自己去联系并寻求进一步的服务。一般情况下，许多心理咨询或治疗机构都是收费的，所以在转介时为了避免利益冲突，心理咨询师应该提供至少两个以上的转介机构或人员的信息，由来访者自己选择合适的方式与服务。另一种方式是由心理咨询师协助转介。由心理咨询师提供转介机构，并在征得来访者的同意后，再报送心理咨询师的督导师批复，然后由心理咨询师协助来访者办理转介手续。

附录4.1　心理咨询协议

编号：_____

心理咨询协议

1. 来访者自愿接受心理咨询服务，并自愿向心理咨询师提供个人的真实情况。儿童或丧失责任能力者，可由监护人自愿向心理咨询师提出咨询要求和提供求助者的个人信息。

2. 心理咨询师有严格遵守心理咨询保密原则及相关规定的义务，未经来访者同意，不得向他人或外界泄露有关心理咨询的信息。

3. 在心理咨询过程中，一旦发现来访者的行为有严重伤害自身或他人，或危害公共安全，以及未成年人需要保护的情况，将采取必要措施并通知有关部门，防止意外事件发生。

4. 心理咨询师与来访者之间不得产生和建立咨询关系以外的任何关系。

5. 来访者同意提供相关信息给：_____，联系方式：_____。

6. 本人已仔细阅读并充分了解协议内容以及相关的权利和义务，愿意遵守相关的职业规定和接受心理咨询。

来访者签名：

家属或监护人签名：

年　月　日

附录4.2 心理咨询转介表

编号：_____

心理咨询转介表

原心理咨询师：
需要转介的来访者： 　姓名：　　　　性别：　　　　年龄：
来访者简略情况总结：
来访者过往病史：
来访者现在的精神状况：
来访者现在的心境状况：
转介事由：
接受转介人员：
接受转介机构：
督导师签名： 　　　　　　　　　　　　　　　　　　年　月　日

第五章 心理咨询目标与计划的设定

一、心理咨询目标和计划设定的意义

心理咨询的宗旨是"促进来访者的成长和发展，从而增进其自身的利益和福祉"。说得具体一些，心理咨询的目的是帮助来访者树立心理健康意识，优化心理品质，帮助他们顺利应对人生中所遭遇的各种挫折以及环境适应不良和自我管理方面的困惑，协助他们妥善处理情感冲突，并和他们共同探讨情绪管理的方法与感受。在成长的过程中，在学习生活、社会工作、家庭关系和人际交往中，个人难免会经历错综复杂的纠葛与磨难，会感受到学习与工作的压力和负担，体验到情绪与情感的波动与失衡，甚至有些人在难以承受或无法自我调节时会发生心理混乱与崩溃的情况。对于心理咨询达成的目标，是要确定为解决浅层的、有限的问题，还是解决深入的、需要长期咨询的问题，这需要心理咨询师和咨询机构进行明确的界定。

少数来访者能理性地告诉心理咨询师自己出现了什么问题，且描述时条理清晰、主次分明，他们能清楚地知道自己需要怎样的帮助。然而，大多数来访者都是在情绪不稳定、思绪如同一团乱麻时来寻求帮助的。他们常常说不清、道不明自己的主要问题，也不知道怎样才能妥善地解决自己的问题。

来访者经常会问的一句话是："你说，我该怎么办？"来访者迫切地想知道怎样才能使那些抑郁、焦躁、愤怒、悲伤、内疚的情绪平静下来，想知道如何解决那些杂乱无章的问题，如何化解与消除那些心里的纠结，究竟应该怎样应对那些沉重的压力。这些问题的内在含义就是，我们怎样才能通过心理咨询协助来访者消除他们的心理困惑？我们要达到的目的是什么？我们的咨询计划是什么？心理咨询师只有经过耐心而富有同理心的倾听后，才能发现问题的症结之所在。对来访者而言，他们的诉说过程实际上也是稳定自己的情绪和梳理自己头脑中混乱思绪的过程。通过双方的沟通，来访者的症结将会逐渐显露，并越来越清晰。

设定咨询目标和咨询计划的过程实际上也是协助来访者自我成长的过程，是来访者逐渐挖掘自己的潜能来应对其所面临的困境的过程，同时也是一个认知分析和学习提高的过程。

咨询目标和咨询计划并非咨询师一个人的谋略，而是心理咨询师与来访者共同协商的结果。咨询目标的设立有两大优点：一是使咨询工作有的放矢，双方按照咨询计划循序渐进地实现咨询目标；二是当咨询结束时，心理咨询师和来访者能对双方的努力之成效进行评估。心理咨询师能看到自己的工作成果，来访者也能看到自己的成长与进步。那些无形的咨询效果将被转化成数据式的量化评定。这种具有量化性的反馈信息有理有据地说明了咨询效果，显而易见地呈现了来访者自身利益的增进和福祉的提高。当然，评定结果也有可能显示心理咨询还没有达到预定的目标，表明效果不佳，这种情况需另当别论。

二、心理咨询目标的特性

无论是心理咨询师还是来访者，都希望通过心理咨询以稳定来访者的情绪，理清来访者脑中的混乱思绪，找到来访者走出迷茫状态的出路。在解决问题时，人们常希望有突飞猛进的变化，有快刀斩乱麻的快感。但是在现实生活中，只有少数人能快速解决问题。那些来访者之所以能做到瞬间开窍、觉醒顿悟，也是他们长期思考与知识积累后的绽放。

一般来讲，来访者很难做到仅通过一次咨询就能顺利解决所有的心理症结。因此，在心理咨询的初始阶段有必要对来访者进行初步评估，与来访者一起设定咨询目标和制订咨询计划，按步骤地实施计划，朝着预定方向实现咨询目标。

心理咨询师与来访者签订的咨询目标是短期目标。尽管心理咨询师和来访者都有着期待能解决问题的美好愿望与目标，然而，对于心理咨询工作而言，长远目标也是由许多短期且可操作的目标组合而成的。在实践工作中，我们总结了咨询目标的以下几个特性。

（一）咨询目标的关键性

许多心理问题的出现并非一日之寒，往往由众多因素累积而成。心理咨询师可与来访者共同探讨问题的主要方面，发现要点，抓住主要矛盾。有时，人们确实很难说出何为因果，也无法权衡与判断哪个问题更为重要，哪些矛盾才是真正的主要矛盾，因此，在咨询初期不可能将存在的问题了解得清楚与透彻。在制订计划时，如果心理咨询师和来访者能达成共识，共同努力，问题会更容易逐步得到解决。

有位来访者向心理咨询师哭诉她家里的一大堆问题：父母一直吵架，奶奶与妈妈间的婆媳矛盾日益加剧，以致她整日心不在焉，学习成绩直线下降，进而导致全家更不安宁。这一系列问题环环相扣，要解决这些问题需认真聆听来访者的诉说，了解问题的真正症结所在，抓住主要矛盾，依次进行解决。如果没有咨询目标，那么每次会谈时各种问题都会纠缠在一起。虽然来访者经过宣泄后会感到些许的轻松，但是咨询效果欠佳，难以真正帮助来访者解决问题。

为了提高咨询效果，心理咨询师和来访者需要认真分析所存在的问题。就上述那位来访者而言，她认为自己的学习问题较为紧迫，不知该如何摆脱家庭矛盾对她的影响。再者，父母争吵也常常把她学习成绩不好的事情牵扯进去，奶奶与妈妈之间的婆媳关系的恶化与奶奶对她的过分宠爱也有关系。她想逃离这个家，却又无处可逃。于是，心理咨询师与来访者都认为应该先从她的学习问题着手，制订出一个解决方案。错综复杂的家庭问题先暂时以"学习压力""家长与子女间沟通的方式"为咨询的切入点，再逐步解决其他方面的问题，最终达到咨询目标。

（二）咨询目标的现实性

宏伟的目标、远大的理想固然能激发人们的斗志，鼓励人们勇敢地向光辉的前程迈进。但是，心理咨询的计划则需要具备现实性与可操作性，也就是说，该计划需要是现实的、可以做到的。倘若目标过于宏观、太理想化、可望而不可即，那就有可能令来访者产生挫折感，丧失努力的信心。

咨询计划是咨询目标的实施方案。按照认知行为理论，心理咨询的效果由来访者的认知行为改变得以体现。因此，行为操作方案是协助来访者成长的有效方式。例如，有位来访者身体欠佳、体质虚弱，学习成绩也受到影响。来访者因此感到焦虑不安、抑郁恐慌，企望心理咨询师能给她锦囊妙计，令自己发挥潜能，在短期内增强体质，提高学业水平，成为一个全面发展的人。这个目标听起来很振奋人心，富有正能量。来访者坚称自己有能力、有才华，并认为自己的目标能在短期内实现。心理咨询师理解该学生的愿望，知道这个目标有可能实现，只是较难在短期内达成，但是见到来访者满怀信心的模样，不愿打击她的积极性，于是随着来访者向"快速全面改善"之目标迈进。可是，宏伟的目标若没有坚实的基石与缺乏实际的操作方案，往往欲速则不达。不难想象，在巨大的压力冲击下，这位来访者可能会遇到更大的挫败，情绪变得更为抑郁。

另外，在咨询计划的制订过程中，心理咨询师也能更清晰地了解来访者的问题所在。有时心理咨询师能明显地觉察到来访者的问题已经超出了自己所能服务的范围，或者某些问题已经不属于心理咨询范畴，但心理咨询师不愿拒绝、否定，并没有将该来访者予以转介，而是继续围绕来访者的问题来进行咨询，令来访者的心理困惑日益加重。例如，具有精神疾病症状的来访者的幻觉和妄想一直困扰着他，但心理咨询师没能及时区分和转介，导致其病情越发严重。

心理咨询师要严格把握和区分来访者的问题是属于一般心理困惑，还是严重精神问题。心理咨询师一旦发现自己或所在的机构没有能力帮助该来访者时，可与专业的卫生机构取得联系，邀请专家进行会诊，及时转介到医院或其他合适的机构进行诊治。

(三) 咨询目标的时间限制性

咨询目标的设定和咨询计划的实施都应有时间上的限制。作为短期目标，心理咨询师可与来访者协商每一个咨询阶段的期限。如果没有时间限定，就无法确定进行效果检验的合适时间。咨询时间的期限因人而异，取决于来访者的具体状况和目标内容。同一个咨询目标可有几个分为不同阶段的实施计划，短期心理咨询通常以6～8周为一个咨询阶段。

根据心理问题的轻重程度，心理咨询师和来访者可以协商确定所需的会谈次数、面谈的间隔时间，以及需要划分的咨询阶段，等等。例如，情绪抑郁的来访者在工作和生活方面遇到一些问题。如果第一阶段着重于改善抑郁情绪，取得良好的效果后，再制订第二、第三阶段的计划，那么，第一阶段可以先定为3～4个星期，在这个阶段来访者主要集中于改善情绪的行为，心理咨询师可以与来访者商量这个阶段需要完成的任务。例如，每天外出运动，每三天需要主动与他人沟通的次数，每天晚上做自我行为的评估，等等。待这个阶段结束后，心理咨询师将与来访者一起评估这个阶段的咨询计划的实施情况与达成的咨询目标，然后再制订下一个阶段的目标与计划。

(四) 咨询目标的反馈性

定期检查目标的实施和计划的落实，定期给予来访者奖励和积极反馈，是提高心理咨询效果的有效措施。倘若咨询目标清晰、咨询计划完善、咨询工作颇有成效，那么检验咨询效果将会是一个令人兴奋的过程。可以在咨询开始前和咨询结束后对比由来访者填写的自我评估表，从该量表的评分差异可以看出来访者咨询前后的变化。例如，来访者在咨询前对自己的抑郁情绪评分为8分,咨询结束后,其对自己的抑郁情绪评分为3分,说明其抑郁状态得到了明显改善。咨询计划结束后,来访者能从自我评估表上所呈现的客观数据中看到自己的进步,通过数据变化来证明自己的努力成果,这会大大增强其自信心。面对咨询效果,心理咨询师需要充分肯定来访者的每一点进步,哪怕是细微的变化,也应该给予来访者积极的反馈。

即便有时咨询目标难以实现,导致咨询计划无法完成,心理咨询师也应该与来访者详细探讨目标的修订事宜。此时,更为重要的是强调来访者在学习设定目标和制订计划方面的进步,至少他们已经学会了如何自己解决问题、如何设定努力的方向。他们在如何走出人生困境方面积累了实践经验,这就是个人成长的过程。

(五) 咨询目标的明智性

西方心理咨询学界流行的心理咨询目标的设定方式——"明智的目标"(smart goal),实际上就是认知行为流派的短期咨询模式。所谓"明智的目标"即:

S – Specific　　　　特定的
M – Measurable　　 可度量的
A – Achievable　　 可做得到的
R – Rewarding　　 有奖励的
T – Timing　　　　 有时间限定的

"明智的目标"的要点是,心理咨询师协助来访者制订一个明确的、可以完成的目标,在一个确定的短时期内实施。一旦实现目标,来访者可以给自己颁发奖励。"明智的目标"可以被反复制订,通过达到这些小目标来增强来访者的自信心,使来访者习得应对心理困惑的经验,提高其心理健康水平。

三、心理咨询计划的特性

(一) 咨询计划的可操作性

作为咨询目标的实施方案,咨询计划需具备可操作性。例如,将咨询目标设定为"增加来访者的自信心和积极性""改善来访者的情绪状态""增进家庭的团结与和谐"等,而咨询计划就是将这些概念性目标转化成可操作的行动方案的计划。

以"改善来访者的抑郁情绪"为例,咨询计划可以制订为:①来访者每天外出活动一次或两次,外出行走至少半小时;②按照规定的时间吃饭;③每周与他人至少交谈一次或参加一次社会活动;等等。这些可操作的行为就是改善抑郁状态的具体行动计划。待来访者的情绪状况得到改善后,行动计划可根据当时的状态进行调整。

又如,以咨询目标是"增进家庭的团结与和谐"为例,可操作性计划可以制订为"每周安排一次或几次家庭活动时间,每次30分钟或60分钟",在"家庭活动时间"内,家庭成员聚在一起开展各种家庭活动或进行谈心,讨论家庭内的问题或各自的想法,增进彼此间的情感交流。

(二) 咨询计划的自我控制性

咨询计划的自我控制性是指来访者自己能够操控目标行为。例如,某个学生的咨询目标是改变学习态度、提高学习成绩。他制订的咨询计划是"努力学习，使每门主课的成绩在90分以上"。乍一看，这个行动计划很不错，按照这位学生的学业情况，这个目标合情合理。但心理咨询师需要注意的是，学科成绩的评分操控权并不在学生手里，假如这位学生非常努力，但是有一门主课他才得到80分，因为那门课的老师很严格，全班没有一个同学的成绩在90分以上，那最终的结果就是，他没能达到为自己设定的学科成绩为90分的目标。尽管这位学生的成绩已经名列前茅，但从他的咨询目标来看并没有达到最理想的状态，且心理上受到了挫折。但事实上，他已经通过努力学习提高了成绩，应该受到心理咨询师的肯定与鼓励。

由上述案例可知，这种不可操控的行为计划不宜作为咨询计划的内容。对学生来说，若想提高学习成绩，能制订的比较合适的行为计划应该是每天学习几个小时、看完多少页的书或每天完成多少道练习题，而不是只将最终的量化数据作为唯一的目标。只要保证了每天的学习时间，按计划完成了一定量的练习，那对于这位学生而言，他便完成了自己的计划。

另一种常见但不恰当的咨询目标是来访者的"减肥计划"。有些来访者因为体态较胖，经常遭到嘲笑与戏弄，其自尊心和自信心受损，情绪低落。在制订咨询目标时，来访者通常都希望自己在一定时间内能减少多少千克的体重。但是，减轻体重的咨询计划是缺乏自我控制性的计划，因为人们在一定时间内，且在不伤害个人健康的情况下，想要减轻的身体重量是很难被控制的。有的人拼命减肥，体重却仍居高不下。作为具有自控性的目标，"减肥计划"只能是如何维持良好的生活习惯，比如规定每天的锻炼时间、控制每天的饮食等内容。这种锻炼和控制饮食都是来访者能自控的行为。如果来访者能坚持按计划行动，他的行为就已经得到改善，无论体重减轻了多少，心理咨询师都应该积极鼓励这些良好的行为，以达到积极强化的目的。

（三）咨询计划的可度量性

有时，人们感到失望是因为经过辛苦的努力后，看不到明显的成效。心理咨询也是如此，有时心理咨询师和来访者都付出了努力，却看不到咨询效果。明明双方都能体会到来访者心理的感受与变化，却难以言表。

为此，我们在制订咨询目标时需要注意目标的可度量性。比如，人们将目标定为"增强体质"，那体质怎样才算得到了增强呢？没有具体的可以用来度量的指标，就难以说明工作的成效。此时，可以将此目标转化成可度量的计划，比如可以明确规定自己每天跑步多少分钟，或做多少个仰卧起坐，等等。这些可度量计划的实施，让来访者感到自己有能力去实现目标，可以改善自己的体质，这种结果就是可度量性目标实现的积极反馈。若来访者能坚持锻炼，逐步增加跑步的时间和速度的话，这些数据所显现的效果要比"感觉好多了""体质增强了"之类的笼统描述更具有说服力。

四、咨询目标和计划的设定方法

咨询计划并非一成不变。在咨询初期，来访者与心理咨询师都有可能因为确定不了问题的症结所在而偏离方向，或迷失在混杂的案情之中；也有可能随着事态的发展，来访者的症结发生了衍变，情景发生了变化。因此，在咨询过程中经常会有重新修订计划的情况发生。

在设定计划时，可以参考以下五个行之有效的方法步骤。

第一，明确困难的内容。制定一份表格，将各种困难详细地罗列出来，事无巨细，将所能想到的全都记录下来。

第二，确定困难的性质。将上述各种困难归类。例如，情绪问题，工作、学习压力问题，人际关系问题，恋爱、婚姻问题，子女教育问题，身体健康问题，经济压力问题，等等。

第三，确定问题的重要性。每个来访者都会有各种困惑，每个来访者对自己问题的严重性都有着自己的评估。有时，心理咨询师或者亲友们认为很严重的问题，但来访者本人却不以为然；而来访者本人认为严重的问题，很可能在别人眼里是区区小事。问题的重要性或严重性应由来访者自己判断，并由来访者本人来确定问题的主次与轻重缓急。问题的重要性或严重性并非一成不变，它常随着事态的变化或来访者个人的情绪与理性的转变而变化。因而，咨询计划只是短期方案，当情景变化时，下一个短期计划也可酌情修正。

第四，确定问题涉及的范围。来访者个人问题的解决有时会涉及很多人。我们很难改变其他人的思想与行为，需要着力关注的是自己的认知和行为改变，这是心理咨询的基本原则。因此，咨询目标不能集中在来访者以外的其他人的认知行为的变化方面，我们无法操控咨询对象以外的其他人的行为改变。我们的目标应该集中在来访者自身的目标实施上。例如，有位来访者的丈夫有赌博行为，来访者急于改变她丈夫不顾家庭、沉迷于赌博的不良行为。于是，心理咨询师与来访者一起制订了她丈夫应该怎样改变赌博行为的计划。但是，她的丈夫并不是心理咨询师的工作对象，他根本不会理会其他人为他制定的行为目标。所以，心理咨询师与这位来访者需要制订的是来访者本人需要如何应对她丈夫赌博行为的咨询计划，关注的对象应该是来访者本人。

第五，设想目标实施后的前景。来访者在制订咨询目标和计划时，可以设想目标实施后的前景，也就是想象目标达成后来访者的心理状态会有怎样的改变。如果目标达成之后，感觉自己的心理状态没有得到改善，那么，这个咨询目标就需要修正。曾有来访者因为夫妻冲突而感到情绪混乱，她希望马上离婚。在设定以离婚为解决问题的目标时，她设想了目标达成后的情境，却发现如果她成为单身母亲，她的生活将会更加困难，抚养女儿将更为辛苦。于是，她决定修正咨询目标，将"离婚"改为"改善夫妻之间的沟通方式"，结果咨询效果良好，来访者的心理状况得到明显改善。

附录5.1 心理咨询初步评估报告

编号：_____

心理咨询初步评估报告

来访者姓名： 性别： 年龄：	
咨询日期： 报告日期：	
目前问题：	
个人和家庭史：	
行为观察：	
初步印象：	
处理/咨询计划：	
咨询目标：	
方式：	
时间表：	
咨询师签名： 督导师签名：	

第五章 心理咨询目标与计划的设定

附录5.2 心理咨询目标检查表

编号：_____

心理咨询目标检查表

咨询师：	日期：	地点：
来访者： 性别：	年龄：	次数：
咨询目标：		
预计咨询次数：每周_____次		
可能运用的咨询方法：		
咨询计划：		
计划评估日期：		
奖励方式：		
存在问题：		
来访者签名：		
咨询师签名：		

附录5.3 心理咨询计划对照表

编号：_____

心理咨询计划对照表

姓名：	性别：	年龄：	日期：
寻求咨询的缘由：			
目前的主要问题：			
曾经有过的心理疾病诊断：			
所服用的药物：			
咨询目标：			
咨询计划：			
来访者的优势与潜能：			

续上表

来访者实施计划的困难:
咨询计划的评估:
评估日期:
终止咨询的缘由:
转介和资源提供:
咨询师签名: 　　　　　　　　　　　　　　　　　　　　年　　月　　日
督导师签名: 　　　　　　　　　　　　　　　　　　　　年　　月　　日

第六章 临床初级筛选与识别

制订咨询目标与咨询计划的过程也是对来访者进行临床初级评估的过程，以了解来访者的心理状况与问题所在，评定来访者的认知状况、社会功能与应对资源。初见来访者时，他们或是情绪不稳，或是思绪杂乱，或是行为异常。当然，也可能会见到一些来访者不停地阐述自己一个接一个的问题，自己都搞不清主次与轻重缓急。总之，人间万象，各人有各人的愁苦。在与来访者首次会谈时，心理咨询师希望能尽可能多地了解来访者的情况，来访者的自我评定和心理咨询师的临床初级筛选等都有助于对来访者心理状况的了解，也为咨询计划的设定奠定了基础。

一、来访者的自我评定

来访者自我评定问卷是由心理咨询师设计的简单问卷，可以针对青少年、成人或老年人设计成不同的问卷。问卷中的每个问题通常以0～10分来评分，也有少数通过1～5分来评分。例如，心理咨询师请来访者对自己的情绪状态进行自我评定，将情绪状态以0～10分来评分，0分表示自己情绪非常好，感到愉悦、幸福；而10分则表示自己的情绪糟糕到极点，绝望、痛苦到无法承受；4～5分表示一般般；6分就是有点不开心，趋向情绪不稳定的一端。

当来访者明白评分的方法后，由他们本人评出自己的情绪分数。以同样的方法，来访者可以评出自己的人际关系、与家人的关系、工作和学习的压力程度、睡眠状况、饮食状况，以及个人自信、个人能力等方面的分数。

问卷包含的问题和评分方式均由心理咨询师自己灵活掌握。通过来访者的自我评定，心理咨询师可以清楚地知道来访者是否有抑郁或焦虑的情绪，也可以看出其生活压力和人际关系的状况，这些数据为咨询目标的设定和咨询计划的实施提供了充分的依据。

来访者自我评定问卷的评分还揭示了来访者需要努力解决的某些比较严重的问题，咨询目标就可以按照这个评估表来设定。有了清晰的目标后，心理咨询师也会更容易制订合适的咨询计划。在咨询中期和后期，同样的自我评估问卷可以被再次使用，将前后的评估结果进行比对，咨询效果和来访者的变化便一目了然。例如，来访者在初次会谈时给自己的情绪评为7分，表示当时的情绪很糟糕；经过咨询后，在咨询后期再次进行评估时，他给自己的情绪评为3分。这说明他的情绪已经趋于稳定，逐渐向积极的方向发展，情绪有好转的迹象。在一般情况下，当来访者被问及咨询效果时，他们常说："我感觉好多了。"这其实是比较模糊的效果反馈。来访者通过自我评定结果，不仅可以确定自己的情绪状况，还能清楚地了解自己需要努力的方向。

二、临床初级筛选

心理咨询师在咨询起始阶段需对来访者进行临床初级筛选。临床初级筛选包括了解来访者是否有精神疾病的早期表现，观察来访者是否具有严重精神疾病的症状。

具体而言，临床初级筛选主要有三大功能：①危机评估：心理咨询师在访谈中做最初的筛选，以确定来访者需要心理健康服务的急迫性；②紧急干预：当一些来访者被认定有自杀危险和其他严重心理问题时，必须为其提供特需服务，包括及时报告危机干预部门或送至医院急诊科；③提供信息：在筛选和对来访者的状况进行了解后，可向其提供他们所需的相关信息与资源。

（一）精神疾病的早期表现

（1）认知改变：奇特的体验、怪异的想法、明显的猜疑、思考速度变慢、思维跳跃、自我评价过低或过分夸大自己的能力、记忆力差、注意力不能集中等。

（2）情感变化：情绪低落、无精打采、情感平淡、紧张不安、异乎寻常的开心、爱发脾气等。

（3）行为改变：孤僻、懒散、社会退缩、怪异行为、活动过多、爱管闲事等。

（4）躯体变化：体重明显下降或上升、主诉各种不适等。

（5）睡眠障碍：入睡困难、早醒、睡眠过多等。

（6）社会功能减退：学习、工作能力减退等。

（二）精神分裂症的表现

（1）反复出现的幻觉与妄想。

（2）明显的思维松弛、思维破裂、言语不连贯，思维内容贫乏。

（3）思维被插入、被撤走、被播散，思维中断，强制性思维。

（4）被控制或被洞悉体验。

（5）原发性妄想、各种荒谬妄想。

（6）逻辑思维倒错、病理性思维、象征性思维、词语新作等。

（7）情感倒错、情感淡漠。

（8）紧张综合征、怪异行为、愚蠢行为。

（9）意志活动缺乏。

（三）抑郁发作

主要以心境低落为主。

（1）兴趣丧失、无愉快感。

（2）精力减退或感到疲乏。

（3）精神运动性迟滞。

（4）自我评价过低、自责或有内疚感。

（5）联想困难或自觉思考能力下降。

（6）反复出现想死的念头或有自杀、自伤行为。

（7）睡眠障碍，如失眠、早醒，或睡眠过多。

（8）食欲降低、体重明显降低、性欲减退。

（四）躁狂发作

主要以情绪高涨或易激怒为主。

（1）注意力不集中或随境转移。

（2）语量增多。

(3) 思维奔逸、联想加快或意念飘忽。

(4) 自我评价过高或夸大。

(5) 精力充沛、不感疲乏、活动增多、难以安静，不断改变计划或活动。

(6) 鲁莽行为（不负责任或不计后果的行为）。

(7) 睡眠需要减少。

(8) 性欲亢进。

三、来访者精神状况的初步识别

心理咨询师应了解精神疾病的相关知识，并进行初步的识别，尽早将发病期的来访者转介到有资质的医院，由精神科医师进行临床评估。当然，一些心理状态出现混乱的来访者很可能全盘否定自己有任何精神问题；而另一些没有明显精神疾病症状的来访者也可能因在咨询中的异常表现而被误认为精神疾病患者。因此，精神疾病诊断是一项非常严谨的专业工作，必须由具备专业资格的人士进行评估与诊断。

（一）心理疾病的识别与转介

目前，心理疾病诊断的主要依据是中华医学会精神科分会编制的《中国精神障碍分类与诊断标准（第三版）（CCMD-3）》（以下简称《CCMD-3》）的诊断标准。根据《CCMD-3》，心理诊断标准包括十大方面。

(1) 器质性精神障碍。

(2) 精神活性物质或非成瘾物质所致精神障碍。

(3) 精神分裂症（分裂症）和其他精神病性障碍。

(4）心境障碍（情感性精神障碍）。

(5）癔症、应激相关障碍、神经症。

(6）与心理因素相关的生理障碍。

(7）人格障碍、习惯与冲动控制障碍、性心理障碍。

(8）精神发育迟滞与童年和青少年时期心理的发育障碍。

(9）童年和少年期的多动障碍。

(10）其他精神障碍和心理卫生情况。

（二）复杂心理个案的识别与转介

对于某些来访者或心理疾病患者，心理治疗师单纯依据《CCMD-3》诊断标准难以做出准确、恰当的诊断，尚需更多的个人—家庭—社会的综合信息辅助参考。复杂心理个案的评估与诊断通常包括心理评估、家庭状况评估和心理—教育评估等几大部分。

心理评估即精神科医生和心理治疗师依据那些详尽而清晰的信息为来访者做出心理诊断，并决定是否需要药物治疗。若需要药物治疗，精神科医生会建议使用比较合适的药物与剂量，为日后的药物治疗和心理治疗提供充分的依据。

家庭状况评估的重要性在于了解家庭成员间的互动与沟通，确定家庭状况对来访者的影响。家庭评估报告将指出这个家庭还需要哪些社会支持与帮助，以增进家庭和谐，促进来访者的心理健康。

心理—教育评估包括心理认知能力和学习技能两大方面的评定。通过这些测评进一步了解来访者的心理认知能力，判断来访者的社会功能状态。

四、学生精神问题的干预准则

（一）一般情况的处理

1. 排查

学生心理健康的维系基于"预防为主，早发现早治疗"的原则。由于绝大多数精神疾病患者在发病过程中缺乏自知力，不能主动发现异常，常常会延误最佳治疗时机。因此，定期排查学生的精神情况，了解学生的心理动态是必要的工作制度。

2. 报告

在排查和了解学生的精神状况时，一旦发现学生有异常的精神表现，辅导员要详细记录其姓名、所在院系和学生的精神状态、行为状况等信息，同时尽快报告学院主管领导和学校的相关部门。

3. 转介

学生精神状况出现异常时，由院系联系学生家长，经家长同意后转介至有相关资质的医院精神科做评估与诊断；情况较为严重者，根据医嘱进行治疗，并请家长陪护。

如果医生诊断该学生已患病，但症状轻微，不会对他人和自身造成生命危险，经院系同意后，可以继续留校读书。留校继续学习的学生需遵守以下规定。

·按时服药：精神疾病患者的脑部通常有生物学的改变，对药物的依赖性较强，需要较长时间使用药物来维持治疗。坚持长期且合理的药物治疗，不仅能使大多数患者的病情得到有效控制,更是预防疾病复发、促进患者康复和使其回归社会的有效方法。

·定期复查:患病学生应定期去医院复查,调节用药剂量,检查精神功能的康复状况,以确保良好的治疗效果。

·药物与心理咨询/治疗相结合:药物通常只能维护病人的精神稳定状态,只有辅以有效的心理治疗或心理咨询,方能协助患者顺利地应对社会复杂情景和生活压力,增进其社会适应能力,提高其社会功能。

·安排患病学生的监护工作:经常与家长沟通学生在校的情况。

·及时备案:各院系需要将患病学生的基本情况及病史报告学校备案。若学生本人或其家人无意愿就诊治疗,建议由学生家长对其进行有效监护,以免发生意外,学校及院系将给予必要的协助。

(二) 患病学生的处理

1. 休学

如果学生因精神疾病需要住院治疗两周或两周以上的时间,或经评估后认为病情较重,需要监护人督促其长期坚持药物治疗,那么,学生可以按照学校相关规定办理休学或退学手续。

2. 复学

患有精神疾病的学生需要同时具备以下条件方可复学:最后对其进行治疗的医疗机构(县级以上)出具可以复学的书面诊断证明;医生处方及目前服药状态说明;父母出具该学生在家中的日常作息与生活情况的书面报告;经院系报批同意。

3. 追踪

对于患有精神疾病的学生,需要将其列为高关怀个案,并进行6个月的追踪反馈:了解该生目前的学习、生活、人际等社会功能状况;院系需要每两周对其进行评估,追踪其用药及治疗情况。

(三)紧急情况的处理

倘若在临床初级筛选或心理评估时发现学生具有强烈的自杀念头、自杀行为、自杀未遂史等表现,或者该学生抑郁情绪明显,或具有冲动、自伤、伤人行为时,校方应依照相关规定,启动危机干预程序。

第六章 临床初级筛选与识别

附录6.1 来访者自我评定问卷

编号：_____

来访者自我评定问卷

姓名：	日期：

（1代表很差，10代表非常好。请在线上选择符合自己情况的分数并画点。）

自信
0 ├─┼─┼─┼─┼─┼─┼─┼─┼─┤ 10

聪明程度
0 ├─┼─┼─┼─┼─┼─┼─┼─┼─┤ 10

幽默感
0 ├─┼─┼─┼─┼─┼─┼─┼─┼─┤ 10

创造性
0 ├─┼─┼─┼─┼─┼─┼─┼─┼─┤ 10

勤奋程度
0 ├─┼─┼─┼─┼─┼─┼─┼─┼─┤ 10

沟通能力
0 ├─┼─┼─┼─┼─┼─┼─┼─┼─┤ 10

与朋友的关系
0 ├─┼─┼─┼─┼─┼─┼─┼─┼─┤ 10

与家人的关系
0 ├─┼─┼─┼─┼─┼─┼─┼─┼─┤ 10

对自我的总体评价
0 ├─┼─┼─┼─┼─┼─┼─┼─┼─┤ 10

附录 6.2 心理咨询初谈评估报告

编号：_____

心理咨询初谈评估报告

来访者姓名：	性别：	年龄：
初谈日期：	报告日期：	
目前问题：		
个人和家庭史：		
行为观察：		
初步印象：		
初谈评估：		
咨询师签名：	督导师签名：	

第七章 心理危机的干预与管理

心理危机事件为突发事件，需要即刻干预。

危机干预的最低目标是保护来访者的安全，预防各种意外发生，因而常动用各地资源，寻求多方支持。准备有序、管理有方的心理危机干预能合理有效地使来访者转危为安。因此，心理咨询机构必须在危机出现之前便制定好危机干预的方案和实施细则，防患于未然，才能临危不乱，做到有效干预。

一、心理危机的特征

危机，在中文的语境中，可以被视为危险和机会并存的决定性紧要时刻和转折点。从心理健康的角度出发，危机是个人遇到某种突发事件、生活目标受到阻碍、稳定状态被动摇，而个人原有的能力不足以应付这些应激事件，因而出现让人感到紧张、困惑的局面。具体而言，心理危机是一种紧急的、直接威胁到个人身体、情感和精神健康的情绪状态，是迫使人们在有限的时间内和情境不确定的状况下做出关键性决策的艰难时刻。

一般而言，心理危机包括稳定生活中的非稳定事件、时间限定性事件和人生面临的突变与丧失三种状况，可具体划分为两大类型：一是不可预测型心理危机，如天灾人祸、地震海啸、车祸、飞机失事、恐怖袭击等重大创伤事件，这是人们普遍认为的危机状态；二是预测型心理危机，即重大"变化或丧失"尚未发生，但人们已经对事件过分担忧而产生严重的焦虑性心理反应。例如，有些身强力壮的人在体检中被诊断为疑似患有癌症，虽然最后的诊断尚未出来，但其在心理上已经产生严重的焦虑感，陷入心理危机状态。又如，刚学会开车的儿子外出久久不归，焦虑的母亲担心儿子出事，紧张不安，不知是报警还是继续等待，出现严重的焦虑症状。

危机是一种个人体验，某种情景对某个人来说是危机，但同样的情境对另一个人来说则有可能不是危机。所以，导致危机的根本原因并非个体经历的事件本身，而是个体对某一事件和情景的认知与判断。事件本身只是一根导火线，倘若个人认为该事件超出了自己的能力范围，他就会出现不同程度的应激反应，导致不同程度的心理危机。

危机发生后的个体反应状态不一，主要有以下三类危机反应。

认知改变：危机发生后，来访者面对自身能力难以应对的困境时，解决问题的能力和应对机制会暂时性失控，在紧急关头显得反应迟钝、无能为力。例如，有的大学生在火灾发生时，目瞪口呆，束手无策，任凭火苗蹿起。他正常的认知功能因危机事件而受到影响。

情绪改变：面对危机，某些来访者会出现短暂的休克状态，随后表现为对现实的否认，思维混乱，感到恐惧、害怕、悲伤、麻木、失望和不安，这些反应会导致心理失衡。比如，一些年轻的大学生在获知自己患有重大疾病的初期,情绪发生巨大变化,否认、拒绝接受这残酷的现实,继而表现出害怕、担忧、伤心、痛苦,烦躁不安,抑郁不振,乃至绝望。

行为改变:危机事件发生后,来访者出现紧张性焦虑反应,心跳呼吸改变,过度出汗,不停地进食或食欲不振,嗜睡或失眠,体重暴增或明显消瘦。他们可能变得退缩、麻木、冲动莽撞,甚至出现暴力行为。

二、心理危机干预的过程

心理危机需在短期内得到解决。若采纳恰当的方式,发挥干预人员的潜能解决了急迫的问题,心理危机便可以得到缓解。反之,不良的应对方式会令人们的防御能力下降并产生社会性退缩行为。

危机干预的过程可分为两级:第一级危机干预也称心理性急救,主要是对危机的情境做出反应,帮助人们稳定情绪,积极应对即刻的需求,控制当时的情境,使来访者能在心理层面上获得及时的支持;第二级危机干预也称危机性咨询,待来访者情绪稳定后再提供咨询服务,侧重于处理危机产生的心理症状,协助其解决存在的问题。

(一) 常见的危机干预形式

1. 面对面危机干预

面对面危机干预是指干预人员与来访者直接进行交流,其特点是能相对快速地、详细地、全面地、准确地了解来访者的状况,从而及时地、有针对性地对来访者实施解释、疏导及具体的干预措施。

2. 电话危机干预

电话危机干预是指处于紧急情绪障碍、精神崩溃或企图自杀的个体，通过拨打危机热线向咨询人员求助，并进行电话咨询的干预方式。这种方式具有快速、方便、经济和匿名等特点。

3. 网络危机干预

网络的快速发展使网络危机干预变得更为普及和重要，该方式是通过网络信息提出的危机求助。使用这种方法的多为学生、年轻人，他们中的多数暂时不愿意暴露身份，或有着难以当面启齿的问题，从而寻求网络咨询。

（二）危机评估

1. 危机严重程度的评估

主要评估来访者是否具有自杀计划或出现自残、自杀行为，是否已丧失原有的基本认知能力。

2. 临床表现的评估

评估来访者的情绪、认知、行为和躯体症状；获取的信息越多，危机干预的针对性越强，效果越好。

临床评估的内容包括但不限于以下方面。

（1）一般情况：意识状态、仪表。问答是否切题？生活自理能力是否有改变？

（2）精神或心理状况：是否存在幻觉妄想？其幻觉妄想内容是否具有自伤或伤人倾向？有无情绪低落、思维迟缓、意志活动减退等症状？是否有自我评价过低，甚至自责、内疚的情况？是否对前途悲观、失望？是否存在自杀观念、自杀行为？（对有上述情况者需询问是否有具体的实施计划、计划的可行性、是否有社会支持系统等内容）是否有焦虑情绪？是否有情绪过分高涨、爱管闲事、易激惹等表现？语速是否有加快或放慢的现象？语量是否有增多或减少的现象？表情是否协调？情感是否淡漠？是否有懒散、孤僻的表现？是否有怪异冲动行为？记忆力、注意力是否改变？是否具有自知力？等等。

（3）躯体情况：体重是否有明显变化？是否有其他不适？既往是否有其他躯体疾病？

（4）睡眠情况：是否有入睡困难、睡眠浅、多梦，早醒或嗜睡等症状？

（5）症状持续时间：症状为发作性还是持续性？持续时间长度？

（6）社会功能：工作能力、学习、生活和人际交往能力有无改变？

（7）社会支持系统：家庭情况、朋友关系、师生关系、恋爱婚姻状况对个体的影响。

3. 家庭和社区评估

了解家庭成员、朋友、同学、同事对来访者的关系与支持状况；了解师生关系、恋爱与婚姻状况和社交关系对来访者心理状态的影响。

（三）危机干预的实施

危机干预的目标是协助来访者应对即刻的问题以提高其应激功能水平，并给予心理支持。在危机干预时工作人员需要充分考虑社会文化背景、社会生活习俗、家庭环境等因素对来访者的影响。

在实际的工作层面，心理危机干预的"三A模式"为危机干预和自杀预防提供了操作流程与方法。"三A"即Ask（询问）—Assess（评估）—Act（行动）。

1. 询问

所谓询问，即直截了当地询问来访者是否有伤害自己、伤害他人的想法，是否有自杀计划和自杀行为。如果不直接询问，那就有可能失去至关重要的信息。在询问有关自杀的问题时，心理咨询师首先要控制好自己的情绪，不要将自己的文化、价值取向、宗教信仰、个人的家庭问题、个人的性取向和身份矛盾等问题投射到危机干预和自杀预防工作中去。心理咨询师要有充分的心理准备去聆听来访者的真实想法，不管那些经历和想法是多么痛苦、悲哀、残忍，甚至血淋淋。

2. 评估

所谓评估，是指自杀危险度的评估。实际上，在询问的过程中已经掺入了评估内容。自杀危险度的评估是一项艰难的工作，是对心理咨询师的同理心、沟通技巧和逻辑判断能力的考验。评估时，处于危机中的自杀倾向者正在面临生与死、接受或拒绝帮助的选择，因而会变得异常敏感。当心理咨询师在了解来访者的危机状况时，来访者同样也在观察心理咨询师，以确定对方的可信度。双方的非言语性表达，如脸部表情、语气语调、手势和躯体姿势都起着举足轻重的作用。具有自杀倾向的人们，由于缺乏家庭和同伴的信任，缺乏被理解、被尊重乃至被关爱的社会支持，因而对他人的沟通方式极为敏感。

曾有心理咨询师在听到来访者残忍的自杀计划时表现出惊恐无措与鄙视的非言语性神态，这令来访者觉得自己不可能在此获得帮助而拒绝合作。不过，也有年轻的咨询师因经验不足，无法回答来访者那么多的"为什么",但他仍能耐心地聆听,真诚地体验来访者的感受。在一次危机干预过程中,虽然心理咨询师觉得忐忑不安,但来访者却对他说:"你是这么久以来唯一听到我心里真实想法的人。我知道你的真诚,你不只是在干一份工作,你是真心想帮我。我相信你,我会努力的。"所以,在危机干预中,咨访关系、心理咨询师的同理心和真诚都是至关重要的。

3. 行动

所谓行动,即危机干预,是指一些个人或家庭在经受了无法抵抗的压力,暂时失去了应对生活困境的能力时,心理咨询师协助他们稳定情绪,对危机的情境做出适当反应。危机干预常常需要团队的协同行动。危机干预队伍的建立与完善是行动成功的重要保证。

(四) 危机干预的要点

危机干预主要关注以下三个方面。

1. 咨访关系

建立良好的沟通和合作关系是危机干预成功的基础。相互尊重,彼此信任,坦诚沟通,以同理心积极关注来访者的情感。

2. 沟通技巧

与来访者的沟通并非只是言语上的表达,非言语性的交流有时显得更为重要。例如,有的咨询师口头上对来访者表示关切和理解,但在态度和举止上表现得心不在焉、不专心聆听,那就有可能将正处于危机状态的来访者拒之门外。

沟通时要避免给予过多的保证,尤其要避免那种"夸海口"式的不现实承诺,因为一个人的能力是有限的,来访者更需要感受到真诚。处于危机状态的来访者情绪不稳、理解能力下降,因而在沟通时心理咨询师应尽量避免使用专业性或技术性的难懂术语，而应以简单、通俗、易懂的语言进行交谈。

3. 问题解决

激发来访者的自信心，协助来访者自己解决问题是危机干预成功的关键。来访者学会了应对困难和挫折的方法后，不仅能渡过当前的危机，而且也有利于其未来抵抗压力和适应复杂多变的环境。解除危机的一个比较有效的办法，就是帮助来访者按照问题解决的步骤进行思考和行动。

在危机干预时，以下六个步骤常常是解决问题的行之有效的方法。

（1）稳定情绪。

（2）明确当前存在的困难和问题。

（3）提出和罗列出各种可能的解决问题的方法。

（4）澄清和比较各种方法的利弊及可行性，选择最可取的方法（即做出选择）。

（5）详细考虑计划实施的方案，付诸实践。

（6）评估和验证结果。如果问题仍然存在，那就重新分析问题，制订更佳的计划和行动方案，直到问题解决。

三、自杀预防

自杀是一种全球性的现象，在世界范围内都有发生，几乎任何年龄段的人都可能产生自杀行为。世界卫生组织（WHO）发布的报告《预防自杀——一项全球性要务》显示，一般而言，男性死于自杀的数量要多于女性。在比较富裕的国家中，男性死于自杀的数量约是女性的 3 倍,但在低收入和中等收入国家,男性与女性的自杀死亡比例则约为 1.5∶1。从全球来看,所有死亡者中约有 1.4% 的人死于自杀。全球自杀率在过去 45 年内(1950—1995 年)增加了 60%。年龄为 70 岁和 70 岁以上者是自杀率最高的群体。值得注意的是,世界卫生组织 2014 年的报告指出,自杀是 15～29 岁人员中的第二大主要死因。

自杀是生物、遗传、心理、社会、文化以及环境等众多因素相互作用的结果。需要关注的是,青少年自杀的另外一个风险因素是,他们喜欢的公众人物或身边所熟知的人自杀会对他们产生诱导效应。尤其要注意的是,年轻人当中还存在着集体自杀的现象。

(一) 自杀预防策略

世界卫生组织提出了三个等级的自杀预防策略。

1. 通用的预防策略

这是面向全民的预防性干预策略,旨在提高心理卫生服务的普及性与广泛性,促进广大民众的心理健康水平,包括减少酒精和药物的滥用与有害使用,限制自杀工具的方便易得,促进媒体负责任地报道自杀问题。

人们在自杀前往往会表现出与往常不一样的思维、情绪和行为方式。作为自杀预防和紧急反应工作的一个重要部分就是开展预防自杀的教育,让广大的民众尤其是学校教职工和学生都能识别人们在自杀前的一些征兆和预警,以便能向有自杀倾向的人们及时提供帮助,减少自杀事件的发生。

2. 选择性的预防策略

这种策略是通过培训"守门员"来帮助易感人群。所谓"守门员",就是经过培训的危机干预和自杀预防工作人员,由他们向易感人群提供及时有效的服务。例如,这些"守门员"在社区和学校提供心理危机热线或自杀预防热线的服务,为广大民众提供危机干预、心理支持和信息资源。

3. 针对性的预防策略

这项服务主要面向危险性较高的人士,向易感个体提供心理支持,待高风险人员离开医院后对其进行随访。为了更有效地为易感人群服务,应进一步加强心理卫生人员的教育和培训,增强其识别和处理精神障碍、药物滥用等危机干预的能力。

企图自杀的人们在首次尝试自杀失败后的一年内,自杀的风险仍然很高。因此,心理咨询师需要提供定期的随访和愈后的咨询服务,包括案例管理、定期电话联络、登门拜访等。对于这些反复企图自杀的人来说,过早地终止心理咨询与辅导,或者缺乏有效的咨询和治疗,最终均有可能酿成自杀的悲剧。

自杀预防的前提是,心理咨询师必须清楚地了解来访者此刻的主要问题是什么,来访者亟待解决的困难有哪些,然后协助来访者走出困境,如同"危机"这两字所示:走出危险,发现机会。

(二)安全合约

无论来访者面临着怎样的困境,有一个目标是来访者和心理咨询师所共有的:解除来访者的痛苦。来访者试图以了结生命来终止痛苦,而心理咨询师则要想方设法以更为现实可行的方法来减少和消除来访者的痛苦。在这个共同点上,对于那些非高危机状态的来访者来说,签署"安全合约"是预防自杀的一个重要环节。

"安全合约"旨在确保来访者在下一次与咨询师面谈之前不会采取自杀行动,能保证自己的安全。"安全合约"实际上是一项信任契约,是来访者向咨询师做出的对自身安全的承诺。当心理咨询师与来访者建立了良好的咨访关系后,"安全合约"就成了加固咨访关系的纽带。

(三) 信息提供协议书

一般来讲,心理咨询师个人无法单独对具有自杀倾向的来访者提供夜以继日的有效帮助,很难独立地处理一个与多方面都有关联的案例,因此,心理咨询师需要多个部门提供协作。在这种情况下,心理咨询师可以请来访者签署可提供个人信息的协议书,在协议书内指明心理咨询师可以向什么人、什么机构提供哪方面的信息。如有必要,还可以在协议书中注明有效期限。(参见附录7.2)

四、 自杀警报信号

自杀警报信号(也称为风险因素)有很多,而且,每个企图自杀的人所表现出的征兆都不一样,每个人都有其自身的特征。

一般来讲,常见的自杀警报信号有以下几种。

(1) 抑郁:抑郁常被称为自杀的主要前兆,抑郁症状和自我封闭常同时呈现。抑郁症状表现为情绪低落,对自己既往感兴趣的事情失去兴趣,睡眠不佳,食欲不振,整日无精打采。抑郁症状严重时,患者会感到无助和绝望,试图从这个世界中消失。

(2) 严重精神疾病:精神分裂症和狂躁抑郁症患者的自杀危险性极高。幻觉与妄想会令病人丧失正常的理性,引致自杀行为。

（3）退缩：对日常活动丧失兴趣，回避社交活动，感到孤独、沮丧，丧失生活下去的动力。

（4）焦虑：研究表明，男性自杀与焦虑症状明显相关，而女性与其的相关性则不明显。

（5）家庭问题：家庭纠纷、冲突、冷战和变故等问题，都会增加自杀的危险性。有时，人们不愿或不敢透露家庭秘密，不愿寻求帮助，常感到无助与绝望，萌生自杀念头。

（6）歧视：不能被自己所处的文化、家庭、同伴或所在环境所接受和认同，导致孤独与悲伤的情绪迸发。青少年的性别取向及身份认同的矛盾也是诱发自杀的危险因素。

（7）饮食失常：许多青少年对自己的体形不满意，经常节制饮食。世界卫生组织编撰的《自杀预防》手册显示，有1%～2%的女孩患有厌食症或贪食症。患有厌食症的女孩也常伴有抑郁症，她们的自杀危险性比其他同龄女孩高约20倍。最新的研究表明，男孩也有患厌食症或贪食症的可能性。

（8）自杀未遂史：曾有一次或多次自杀未遂史都是重要的自杀危险因素。处于重大压力之下的人们通常会重复这一举动。

（9）人际关系受损：与他人发生纷争，受到同伴排斥、孤立，受人欺负或迫害，都可能导致自杀。

（10）关系密切的亲友死亡：自己深爱的或对自己有重要意义的人死亡，会令人悲痛欲绝，感到生活失去意义，产生想随死者而去的念头。

（11）恋爱关系破裂：恋爱关系破裂，情绪混乱且感到悲伤，都可能诱发自杀的念头。

（12）工作和学业困难：长期受压力的逼迫而感到紧张、焦虑，诸事不顺，情绪不佳，当压力达到某一个临界点时，当痛苦累积到一定程度时，一旦超出个人的承受能力，当事人就会崩溃。

（13）失业或经济问题：长期的经济压力使人们感到生活过于艰难，不堪忍受。

（14）重病：患有难以治愈和康复的严重疾病，常使病人感到人生无望。

（15）严重的灾难：无论是天灾或人祸，灾难都可能会导致家破人亡、生活受阻，令人难以继续生存。

（16）心理创伤：心理创伤是指个人经历了超出人之常情范围的、几乎对所有人都会带来明显痛苦的事件。经历过这种极度痛苦的事件后，人们常会感到人生的无奈、自我的渺小、生命无法被操控的痛苦和内疚之情。加之创伤事件经常以一种或多种方式闪回（闪回是指当事人反复"看到"或"感受到"创伤事件），让人反复体验这种痛苦，以致当事人长期回避与创伤事件有关的刺激，或反应麻木。人们表现出持续存在的觉醒程度增高状态。更有甚者，经历了创伤事件后，企望失忆，想以自杀来了结痛苦，出现自杀倾向。

具有自杀倾向的人们会上网查询有关自杀的方法，制订自杀计划。在自杀前，一些人会谈论人生没有意思，感到自己的人生被困住，有着无法解除的痛苦，认为自己是他人的负担，没有理由活在这个世界上等内容。

五、 对自杀现象的误解与疑问

人们对自杀、死亡有着某种恐惧心理,不愿触及。自杀是人们言谈中的禁忌。正因为人们不想谈论有关自杀的话题,所以人们对自杀现象的许多误解和疑问常常得不到正确的分析与解释,从而导致许多不恰当的干预方式。以下就一些自杀现象进行解释。

(1) 有人谈论想自杀,那只是一种威胁吗?

当谈及自杀行为时,人们常以为想自杀的人不会真的伤害自己,他们只是想引起别人的注意,或只是一种威胁方式。事实并非如此。人们在自杀前所表现出来的任何状态,悲伤的、严肃的、调侃的或玩笑似的言谈举止都可能是他们的告别形式。因此,在遇到某人谈论有自杀的念头和企图自杀的计划时,我们应当采取一切必要的防范措施。所有可能构成自残和自杀的威胁均应被认真对待,相关人员都必须严肃认真地对其进行评估与干预。

(2) 想自杀是一时冲动吗?

自杀看上去好像是一时冲动的结果,突然发生,没有任何征兆,但大多数具有自杀倾向者都是经过了一段时间的酝酿才采取行动的。人们在自杀前总会表现出一些异常的征兆,许多自杀者会以言语的或行为的表现方式来传递其伤害自己的意图。

(3) 想自杀的人确实想死,很难救助,是吗?

人们以为自杀的人确实想死,想救也救不了。这种误解将贻误很多救助的机会。大多数想自杀的人并不是想了结生命,而是想要终止痛苦。一般来讲，有自杀倾向的人至少跟一个人交流过自杀的想法，或者拨打过求助电话。他们曾犹豫过，只是现实让他们感到无助、无望，所以最终才会选择用自杀的方式来解决问题。

（4）自杀未遂者声称自己已脱离了危险，那就不必再理会他了，对吗？

当一些人自杀未遂，或声称自己已脱离了危险时，并不表明他们已经安全。事实常常不如他们所言，我们仍须密切关注。经验告诉我们，最危险的时刻往往是在危机刚刚过去的那一刻，那时当事人情绪最为波动。自杀未遂者，尤其是抑郁症患者，有着执意自杀的倾向。因此，不要将高危险度的自杀倾向者单独留下。

（5）自杀有遗传性吗？

家族中有人自杀或患有抑郁症，是引致自杀行为的重要风险因素，但并非所有的自杀事件都与遗传因素有关。

（6）自杀者与有自杀企图的人都是精神疾病患者吗？

不一定。自杀行为与抑郁症、酗酒吸毒、精神分裂症及其他精神疾病有关，同时还与破坏性或侵犯性行为有关。我们不应该高估自杀与精神疾病的联系，因为导致自杀的原因多种多样。

（7）如果与来访者谈论自杀问题，是否会增加来访者自杀的倾向？

不会。人们经历着难以承受的痛苦，并感到无法摆脱它们，这时自然会想到死亡，企图一了百了。与来访者谈论自杀问题，可以了解他们的自杀危险程度，帮其减轻压力，是预防自杀和维护生命安全的必要步骤。

(8) 自杀只会发生在"另类人"身上，一般人不会自杀，是吗？

不是这样的。自杀会发生在任何人群、任何社会制度和任何家庭环境中。

(9) 儿童不会自杀，对吗？

儿童有可能自杀。有数据显示，青少年的自杀比率可能更高。据世界卫生组织报告，自杀是全球 15～19 岁青少年死亡的五大原因之一。在许多国家，自杀甚至是在该年龄段的青少年中排在第一位或第二位的死亡原因。有些国家的青少年在 15～19 岁年龄段，甚至 15 岁以下年龄段的自杀率正以惊人的速度上升。

(10) 要稳定自杀倾向者的情绪，可以用虚假的安慰吗？

不可以。自杀倾向者最需要的是理解与信任，希望得到真正的帮助与关心。善意的虚假安慰仍是不信任对方的表现，有可能对其造成更大的伤害。例如，患有绝症的病人企图自杀，助人者好心地安慰道："别着急，你的病一定能治好的。"这种虚假的安慰有可能令病人产生不信任感。

六、自杀风险评估的"4P模式"

自杀风险评估的"4P 模式"是实用而有效的评估方式。所谓"4P 模式"，是从四个方面进行自杀危险度的评估，也就是痛苦（pain）、计划（plan）、既往史（previous history）和附加情况（pluses）。

（一）痛苦（pain）

痛苦是引致自杀行为的主要原因。一个人痛苦的感受完全是个人的自我体验，其他人是无法替代的，因而对痛苦的评定只能由来访者自己确定。痛苦通常可以从三个方面来衡量，即个人所承受痛苦的程度、容忍度和持续时间。

首先要考虑的是痛苦的程度。痛苦的程度可以用 1～10 分来表示。如果只有少量痛苦为 1 分的话，那么极其痛苦可以定为 10 分。由来访者评估自己的痛苦程度。如果来访者将自己的痛苦程度定为 5 分以下，那么他的自杀危险度就比较低。如果定为 7 分以上，就需要格外注意。这种直观的计分方法相对于情境描述能更清晰地了解来访者的情绪状态。虽然每个人掌握评分标准的尺度略有差异，但这种自我评定的方式也为自杀危险度的判断提供了重要的依据。

其次要关注痛苦的容忍度。痛苦的容忍度与自杀危险性呈负相关，痛苦的容忍度越低，自杀的危险性越高。痛苦容忍度也可以用 0～10 分来评定。容忍度高，个性坚毅，那就是 10 分，如果来访者认为自己遭遇天大的痛苦，已经无法承受了，那么容忍度是 1 分或者 0 分。0 分表示为无比绝望。此时，来访者的自杀危险度非常高，个人处于严重危险状态。

最后要考虑来访者的痛苦与持续时间的关系。我们必须询问来访者是否因痛苦持续时间的延长而加深了痛苦程度，或是痛苦的时间过长，致使容忍度增加，因而自杀的危险度降低。持续时间与痛苦程度究竟是正相关还是负相关，是评估工作中需要注意的环节，不能简单地一概而论。

（二）计划（plan）

自杀危险度与自杀计划密切相关。在自杀危险度评估时，直接而明确地询问来访者有关自杀计划的详细情况是必不可少的关键步骤。自杀计划的评估包括时间、地点、方式和实施手段等多方面的信息。

时间的紧急性是决定是否打破缄默的要素之一。自杀计划的时间评估就是要知道来访者是否确定了实施日期，是马上实施还是等待某个时日。有一位女性来访者在感情问题上深受伤害，她想以死来向男友表示自己的真心。她在谈及自杀计划时，提到了要在自己生日那天看看她的男友会怎样表现。如果他确实令她绝望，她就去死，而她的生日是在一个月后。就这个案例来说，来访者暂时还不会采取自杀行为，她还有一个月的时间去观察她的男友，同时也给了心理咨询师一个月的时间去做她的思想工作，帮助她走出困境。

有些表示想自杀的来访者，虽然口头上一直强调自己一天也不想活了，但他们还没有做好准备和即刻实施自杀的方案。比如，一位来访者表明他正在收集家里的安眠药，但要等凑够100片才一并吞下，他说还需要一段时间来收集药片。这也为我们的危机干预争取了时间。这些在时间上并非那么紧急，并非即刻就会采取自杀行动的来访者，不属于"严重危险"案例，暂时还没有必要打破保密原则，即刻进行报告。

自杀地点和方式同样与自杀危险度的高低密切相关。我们必须了解清楚来访者自杀计划的具体内容，是否有可能实施，方法是否急性致命。例如，有些自杀行为很极端、很强烈，危险度就很高。那些想从高楼、大桥上跳下，或准备使用刀具锐器来了结自己生命，或准备上吊致死，或撞火车和巨型卡车等方式的自杀，都属于极端行为。相对而言，服用一些处方药和不剧烈的化学毒品等方式就稍为缓和一些。

对于自杀行为的极端性和致死可能性比较高的来访者,如果其痛苦程度也比较高,这种情况是否属于"严重危险"个案还需要结合时间和其他因素来综合分析。那些痛苦程度偏高的来访者,若行为属于情绪操控型,加之思维偏激,会很容易突然采取极端举措,故需格外关注。

(三)既往史(previous history)

所谓既往史就是了解来访者的人生经历中有无重大的变化和丧失事件。了解既往史有助于判断来访者的生命危险程度。既往史包括以下几个方面。

第一,既往是否有过自杀行为?如果以前有过自杀行为,那么,来访者的自杀意愿就已经存在较长时间了,有可能再次重复选择这种解决问题的方式,自杀的危险度相对较高。

第二,来访者是否有失去亲友的经历?丧失亲友是心理痛苦的重要原因之一,心理痛苦的程度越强,自杀危险度就越高。

第三,来访者是否有过创伤经历?创伤经历是指那些个人不同寻常的痛苦经历,因而导致人们情绪低落、抑郁。再则心理创伤事件会反复在头脑里闪回,令人痛苦不堪。

第四,情感挫折是来访者自杀的重要原因之一。在激烈的情绪波动下,个体的理性控制能力下降,因而自杀的危险度增加。

第五,生理上的严重疾病和绝症也常常令来访者失去生存的勇气。

第六,是否有家庭成员或朋友曾经自杀身亡的情况?亲友的自杀事件会强化来访者以自杀来解决问题的动机。

第七,是否患有抑郁症或其他精神病症?同时,需要了解药物治疗的状况。严重的抑郁症患者有反复自杀的倾向,需要药物控制。因此，要了解来访者的用药情况，是否有按照专业医师要求的剂量定时服药，并了解药物的副作用。有时，某些患有精神疾病的来访者受幻觉或妄想的控制也可能产生自杀行为。

（四）附加情况（pluses）

附加情况是指需要考虑是否存在让来访者活下去的理由。这个理由不是其他人给予的，而是出自来访者内心的一丝希望。有些来访者有强烈的自杀念头，可内心却放心不下自己的亲人。这种附加情境能激发来访者生存的希望，使自杀危险度下降。

社会性支持也是附加情况中的要点。处于危机状态、情绪低落、想自杀的人，思维往往比较混乱、缺乏理性、看不到人生的希望。如果来访者周围一直有他所信任的朋友，有良好的社会支持网络，也能降低其自杀危险度。

"4P模式"的自杀危险度评估可以协助心理咨询师判断来访者自杀危险度的高低，也能帮助心理咨询师确定如何履行保密原则。若经过评估后，发现了紧急危险者并需要即刻对其干预，那么我们就不能再保持缄默，必须将这些来访者送往医院或由有关部门监护。

自杀行为的综合评估不仅是有效的心理危机干预和自杀预防工作的基础，而且也能为危机干预积累相关信息，指导临床诊断、心理咨询与治疗方案的实施，并为事后干预提供依据。通过自杀危险度评估性面谈，心理咨询师可获取多项信息，还可以就此信息对来访者的自杀危险度做出不同等级的评估。自杀预防和危机干预的行动决策取决于自杀危险度的评估结果。完整、准确的危险度评估是挽救来访者生命和增进来访者心理健康水平的根基与关键。

通过危险度评估,一旦确认来访者属于高度危险人士,就必须向有关部门和危机干预人员寻求帮助,或将其送至医院接受救助。在打破保密原则时,心理咨询师应严格把握报告的内容,注意维护来访者的权益。在一般情况下,心理咨询师和危机干预人员所报告的内容只限于来访者的危险状况,而不是导致危险状况的隐私原因。

附录7.1 心理危机干预报告表

编号：_____

心理危机干预报告表

姓名：	性别：	年龄：
发生时间：	发生地点：	
紧急联系人：	联系电话：	
有无自杀和他杀倾向：		
危机事件的主要问题：		
危机干预的主要目标：		
危机干预的主要措施：		
危机干预的效果评估：		
危机干预后的追踪与反馈： 首问负责人签名： 年 月 日		
督导师复核意见： 督导师签名： 年 月 日		

附录7.2 信息提供协议书

编号：_____

信息提供协议书

我（来访者）_____授权心理咨询师_____（咨询师姓名）向_____（单位名称或个人姓名）（联系电话_____）提供有关本人_____方面的信息。

信息提供的有效期至_____年_____月_____日。

授权人签名：

年　月　日

附录7.3 安全合约

编号：_____

安全合约

我_____（姓名）同意以下几点：

1. 我认同心理咨询能帮助我改善自己应对压力的能力，以使我更好地享受生活。

2. 我愿意尝试其他方式来处理自己面对的困境。

3. 我理解要达到上述目标需要时间。我同意在下次咨询日（_____年_____月_____日）前不会采取自杀行为。

4. 在任何时候，如果我难以控制自己的自杀念头，我会给_____打电话，电话号码是_____，如果联系不到这个人，那我会与_____联系，其电话是_____，或者直接去医院。

5. 我同意此合约在到期之日可以再续签。

来访者签名：　　　　　　　　　咨询师签名：

日期：　　　　　　　　　　　　日期：

第七章　心理危机的干预与管理

附录7.4　自杀预防注意事项

自杀预防注意事项

（一）注意事项

· 请不要表现出惊恐无措的样子。

· 请不要否认来访者的感受与说法。

· 请不要根据来访者的情景随意去判断。

· 请不要嘲笑来访者。

· 请不要假装没有问题，提出虚假的安慰。

· 请不要责问来访者。

· 请不要轻易保证对来访者的自杀念头缄密。

· 请不要轻易相信来访者真的不会自杀。

· 请不要将高危险度的自杀倾向者单独留下。

（二）提供及时的帮助

· 让来访者体会到你在关心他/她。

· 让来访者知道你想帮助他/她。

· 协助来访者联系适当的帮助渠道，如医疗机构、家庭成员、专业人士、可信任的朋友等。

· 倘若来访者执意要自杀，请立刻与有关部门联系以获得即刻协助。

第八章 高关怀个案管理的实施

在学校心理辅导工作中,常涉及需要被高度关怀的学生群体(以下简称"高关怀学生")。他们较易陷入心理危机状态,且进行心理干预的时间长、难度大,需要整个校园系统和家庭系统形成合力,以个案管理的方式进行长时间的陪伴与追踪。学校心理辅导工作的重要特性之一就是结合教育目的与教育目标,给予学生成长与发展所需的支持。因此,针对在校园中出现的需要被高度关怀的学生类型与相关议题,心理健康教育咨询中心制定了相应的高关怀个案管理实施细则,以有效地协助高关怀学生从自我成长的困境中走出来,协助他们善用个人优势与内在资源,从而促进其成长与发展,预防心理危机的发生。

一、高关怀个案管理工作的哲学取向

高关怀个案管理是指某些学生可能会出现身体或心理上的危机,需要管理者主动出击,付出较多的关怀和支持去提前协助他们以避免出现危机。为了更有效地完善危机干预工作体系,高关怀个案的管理工作系统应从应急转向预防、从被动转向主动、从守门转向守望,逐步完善危机预警工作。

第八章 高关怀个案管理的实施

高关怀个案管理工作的主要任务是协助高关怀学生获得解决问题、自我成长的内在资源和外在资源。本着尊重的态度进行高关怀个案管理,以高关怀学生为整个个案管理工作系统的核心,这将有助于降低高关怀学生的心理抗拒程度,并能迅速带动学生投入自身的改变。尊重本身就是一个极具疗效的因素,心理咨询师在尊重学生的同时,也能协助学生真诚地对待自己,勇敢地面对现实。所谓尊重,就是相信每位学生都是独特的,每个高关怀个案的管理过程都是特殊的。高关怀个案的管理工作系统应形成有效的合力,建立高效的沟通与合作模式,基于学生生命发展阶段的特点,以学生的福祉为出发点,使用学生能接受的语言、方式,帮助学生真正走出生命的低谷。

整体而言,高关怀个案管理工作应采取与学生合作的方式,调动整个校园支持系统和家庭支持系统,秉承正向性、整体性和系统性的原则,接受学生的原本样貌,尊重学生目前聚焦的目标,重视可能发生的细微改变,这些都有助于增强学生的自我效能感,提高合作的意愿和增进改变行为的动力。

二、高关怀个案管理系统的构成要素与功能

高关怀个案管理系统的构成要素包含高关怀学生本人、家庭支持系统和校园支持系统三个方面。其中,高关怀学生本人是整个高关怀个案管理工作系统的核心和基础,家庭支持系统和校园支持系统的成员在协助学生改变与成长的过程中,秉持尊重学生的态度,积极与学生合作,通过有效的沟通形成合力,充分调动各种支持性资源,协助高关怀学生学会运用内在资源与个人优势

来解决问题，促进其自我发展与成长。

（一）高关怀学生

高关怀学生自身拥有改变现状的内在资源与个人优势，是解决自身问题的关键人物。高关怀学生比其他任何人都更加清楚自己当前想要解决的核心问题，需要达成的目标，当前所能做出的微小的行为改变，以及在改变的过程中需要的协助与支持。

高关怀个案管理的主要对象有以下几类。

（1）患有严重精神疾病（抑郁症、双相情感障碍、精神分裂症、恐怖症等）或有家族疾病史的学生。

（2）服用抗精神疾病药物的在校学生。

（3）休学后复学的学生，特别是因精神疾病休学后又复学的学生。

（4）有自杀未遂史或家族中曾有过成员自杀的学生。

（5）身体患有严重疾病且久治不愈、家境贫困、经济负担重且深感自卑的学生。

（6）经历重大应激事件后出现心理或者行为异常的学生（家庭变故、情感危机、受到自然或社会意外刺激等）。

（7）因学业压力过大而出现学习困难（如留级、延期毕业、论文完成困难等），或环境适应严重不良导致心理或行为异常的学生。

（8）因个人感情受挫，人际关系失调或支持系统不良而出现心理行为异常的学生。

（9）由于身边同学出现个体危机状况而受到影响，出现心理或行为异常的学生。

（10）其他（如长期网络依赖，失联后返校等）。

第八章 高关怀个案管理的实施

(二) 家庭支持系统

家庭支持系统是高关怀个案管理系统中的重要组成部分。家庭支持系统主要是指对高关怀学生的经济、情感、发展等方面具有支撑功能的家庭成员。他们在高关怀学生的问题解决与成长发展过程中扮演着情感支撑者、无条件接纳者、尊重者、陪伴者与行动改变后的鼓励者等角色，并在整个高关怀个案管理工作系统中发挥着重要的社会支持系统功能，是协助高关怀学生有效运用其内在资源与个人优势的重要协助者与支持者。

家庭支持系统对学生有着重要的影响，当家庭支持系统能够更有效地发挥功能时，学生的问题也将得到有效的缓解与解决。因此，在高关怀个案管理工作中，应特别重视发挥家庭支持系统的积极作用，减少并改变家庭系统内的消极作用。

(三) 校园支持系统

大多数高关怀学生虽然尚未处于危机的应激状态，但在其面临的困境中存在着潜在的诱发心理危机的因素。特别是一些困难个案，常常因干预的难度较大而需要较长时间的陪伴与追踪。因此，高关怀个案管理工作的校园支持系统中参与人员的处理方式应与心理健康教育和危机干预工作体系保持一致，共同努力做好相关工作。

高关怀个案管理工作的校园支持系统队伍由多方人员组成，它以高校大学生"心理健康教育—心理疏通辅导—心理咨询服务—危机干预预警—心理危机干预"五级工作体系为依托，与心理健康教育和危机干预的三级预警系统保持一致，相互支持，通力协作，共同维护大学生的心理健康。

高校高关怀个案管理工作的校园支持系统由两大群体组成。

①教师群体：包括本科生、研究生的辅导员，本科生班主任，研究生导师，院系学生工作领导小组等人员。②学生群体：包括本科生与研究生朋辈学生群体，高关怀学生所在的宿舍、班级、实验室或导师学生团队等人员。

校园支持系统由各院系主管学生工作的副书记担任高关怀个案管理的负责人，定期向相关部门提交本院系的高关怀个案排查汇总表（参见附录8.1），并根据个体情况和重要节点填写高关怀个案跟进记录表（参见附录8.2），建立由专人负责的高关怀学生的档案，实时动态跟进。高关怀个案情况需由学院负责老师定期与家长进行沟通。

每当新学期伊始，首先，各院系都应及时进行梳理与排查高关怀个案的工作，填写高关怀个案排查汇总表，并于新学期的第二周汇总上交至相关指定部门。高关怀个案排查汇总表包括多项内容，如学生基本人口学信息，包括姓名、性别、学号、宿舍地址、学生和家庭的联系电话等信息，以及学生的问题类型。另外，还需要填写个案的主要情况，包括医院诊断、住院服药情况、是否请假休学、家长监管情况、睡眠饮食、人际交往、情绪行为等。其次，需要填写院系的处理过程，包括专业支持（转介医院或心理咨询中心）、家庭支持（告知家长或者处理监护权移交）、学业支持（缓考、暂停学业、延迟毕业、一对一学业帮扶或建立学习中心等）、其他支持（保卫处、朋辈关怀、经济条件等），并且根据危机程度分级，级别高的高关怀个案需要高频次的关怀。最后，由学院学生工作负责人进行审核，并提出处理意见。

鉴于高关怀学生的特点，校园支持系统和家庭支持系统需以个案管理的方式进行长期陪伴与追踪,并以正向、优势、资源与提升复原力等正面思维观点来与高关怀学生互动并给予支持,这将有助于激发高关怀学生的主动性、合作意愿与改变动力。校园支持系统和家庭支持系统注重彼此间有效合力的形成,且在高关怀个案管理工作中积极关注那些有助于解决学生问题的内在资源与外在资源,重视学生的个人发展优势,共同探索学生未来发展的可能方向。有效的行动目标和行动导向的实务操作对高关怀学生的成长与发展来说十分有益。

在高关怀个案的管理过程中,无论是校园支持系统,还是家庭支持系统,在协助高关怀学生的自助和发展时需深信每一位学生都有能力和丰富的资源解决他们自身的问题。学生是解决自己问题的关键人物,待他们稳定情绪之后,会比任何人都更清楚地知晓自己想要改变什么,以及明白哪些目标是可行的和适合自己的,明白当前亟待解决的焦点问题。

三、 院系在高关怀个案管理工作中的操作方法

院系作为学生的主要培养单位,在高关怀个案管理工作中担任着主要协调者、整合者与支持者的角色。在院系的协调与组织之下,各类校园支持资源发挥各自的支持功能,共同协助高关怀学生解决问题,促进学生的自我成长与个人发展。

(一) 识别高关怀学生的方法

发现与联系需要高关怀的学生是一项非常重要的工作,因为即便我们有了良好的工作愿望,但若不能及时发现和找到需要高关怀的学生,那么,这些服务只会形同虚设。经过长期的努力与

实践，我们发现可以通过很多途径获取需要高关怀的个案，主要来源有以下几个方面：①心理测评筛查；②对学生的个别约谈；③朋辈间情况的了解；④举行主题班会等团体活动时与学生的接触；⑤微信、QQ、微博等网络平台；⑥在心理健康教育咨询中心预约咨询后被转介的学生。

结合日常工作实践，我们建议在学生出现下述异常行为时需要多加注意，并及时进行随访。常见的学生异常行为如下：①对日常活动失去兴趣；②学习成绩全面下降；③没有过去那么努力，变得懒散；④不遵守课堂规则；⑤逃学或多次旷课；⑥吸烟、酗酒或吸毒；⑦导致警察干预的学生间暴力行为。若有任何一类上述情况的发生，院系都应提高警惕，并尽快组织对此类学生进行评估。

对于具有自杀倾向或自杀行为的学生的关怀与管理则是高关怀个案管理中至关重要的一环。出现自杀倾向或自杀行为的学生通常对压力过分敏感。一般来说，自杀容易发生在当事人受到具有冲击性的事件的影响之后。在遭遇变故后，他们被无助、无望及绝望的体验淹没，以至出现自杀念头，导致自杀未遂或自杀。

可能引起自杀或自残的危险性负面生活事件包括：①家庭变故；②与朋友、同学绝交；③自己深爱的人或对自己有重要意义的人死亡；④恋爱关系破裂；⑤与他人的纷争；⑥发生违法违纪事故；⑦受到同伴排斥、孤立；⑧受到他人的欺负或迫害；⑨学习成绩不理想或考试失败；⑩在考试期间承受过多的压力；⑪经济问题；⑫堕胎；⑬患有艾滋病或其他传播性疾病；⑭重大疾病；⑮自然灾害。脆弱的学生易把轻微的冲突理解成具有伤害性的事件，把常见的冲突看作有损人格尊严的严重事件，因而诱发焦虑等过度反应。

采用相关的心理测评问卷进行测评，如情绪自评量表（Depression Anxiety Stress Scales，DASS）、大学生人格问卷（University Personality Inventory，UPI）、焦虑自评量表（Self-Rating Anxiety Scale，SAS）、抑郁自评量表（Self-Rating Depression Scale，SDS）等，也是识别高关怀学生的常用方法。院系应根据筛查结果，进行个别约谈，提供心理健康资源等方面的支持，积极关注疑似患有精神疾病的学生的医疗转介和危机干预，为学生提供心理健康资源等方面的支持。

（二）危机预警与干预时间

一般来说，小长假与长假之后都是心理危机的高发期，春季和秋冬季节是精神疾病的发病期。依据高校学生心理咨询和危机干预的规律，春季和秋季是学生自杀事件的高发期。春季学期危机干预的启动时间以 2 月至 5 月下旬为佳；秋季学期危机干预的启动时间通常是 10 月至 12 月。

四、高关怀个案的有效管理

在高关怀个案管理工作中，要特别重视组织、协调与整合家庭支持系统与校园支持系统中的各种外在资源，以形成有效合力，共同协助高关怀学生从危机中走出来，并能在这个过程中获得成长与支持。

（一）系统内的有效沟通

院系应与高关怀学生本人建立和保持有效的沟通，以维护良好的合作关系，接纳学生当前的状况，尊重学生所选择的以解决当前问题的焦点、目标和可行的方法，重视学生所能做出的行为改变，鼓励学生表达内心的情绪与情感。

与家庭支持系统保持良好的沟通亦是高关怀个案管理成功的重要因素。校方邀请高关怀学生的家庭支持系统融入高关怀个案的管理工作中，相信家庭系统中存在着丰富的支持资源。倘若家庭系统能有效地发挥支持功能，则高关怀学生的问题可能会得到改善。通过来自家庭系统的支持，建立良好的家庭关系和家庭内的积极互动模式，将协助学生从自杀危机中走出来。

在每个学期伊始和危机干预启动之后，心理健康教育咨询中心都应召开高关怀个案梳理研讨会，邀请中心内所有专职心理咨询师出席，共同研讨、梳理高关怀个案管理在整个支持系统层面和心理咨询专业层面上的计划与效果，这将有助于在心理健康教育咨询中心内部构建高关怀个案管理的专职心理咨询师之间的朋辈支持系统，提升高关怀个案管理的专业效能。首问心理咨询师应重点梳理来访过的高关怀学生个案，完成高关怀学生管理登记表，并及时更新信息。一旦启动危机干预计划，心理健康教育咨询中心需要在两周内对在档的所有高关怀学生进行一次危机排查性面谈，识别与判断有无新的高关怀个案产生。

在每个学期开学初期，心理健康教育咨询中心应安排专职心理咨询师与指定的院系对接，及时应答院系的相关疑问，共同商讨在高关怀个案动态追踪过程中的处理办法和措施。同时，心理健康教育咨询中心的专职心理咨询师应定期走访与对接院系，同对接院系重点梳理高关怀个案的情况。首问心理咨询师和对接院系的专职心理咨询师应定期出席由院系组织召开的高关怀个案管理工作研讨会，并在研讨会上发挥专业性、支持性与指导性的作用。

（二）定期召开高关怀个案管理研讨会

在高关怀个案的管理过程中，院系应在尊重学生的前提下，以学生的福祉为最大考量，共同研讨各种对学生有帮助的方案与方法，组织、协调与整合校园支持系统和家庭支持系统中的有益资源。在开展研讨会前，校方需与高关怀学生本人进行充分、有效的沟通，要了解学生本人的想法、知道学生的目标与方向、理解学生所期待的资源与支持。

研讨会通常会邀请对高关怀学生有帮助的成员出席，包括学校和院系的相关行政人员、家长、教师、朋辈、首问心理咨询师、主治医生等各方能协助学生的合作者。研讨会将本着尊重的原则，广泛听取大家的意见和建议，并分享与汇总他们在与学生互动中可以有效影响学生言行的成功经验与策略。

首问心理咨询师在研讨会上起着重要的指导作用。他们提出的支持性策略与方法将有效地帮助学生适应环境，并提高学生的适应能力。心理健康教育咨询中心的专职心理咨询师们将按照与各院系的对接分工方案，全力配合、支持与指导院系进行高关怀个案的管理工作。

院系辅导员侧重于向学生提供必要的支持与指导，协助学生获得解决当下问题的资源与能力，例如，需转介到医院或学校心理健康教育咨询中心、给予学生学业指导、提供心理健康教育资源等等。

院系应与高关怀学生的家长保持沟通与交流，使其了解与跟踪学生的在校情况，促进彼此间的信任。老师们在与家长沟通前需提前准备一些资料，例如，因患有精神疾病而需日常携带药品的在校学生的复诊与服药情况、学生近期的饮食与睡眠情况、学习与出勤情况、学习成绩情况、人际交往与情绪反应情况、应对压力与问题的解决情况等。

根据高关怀学生的情况，确定召开研讨会的频率和间隔时长，保持定期召开研讨会的工作规范。再次开会时，着重探讨学生的差异和改变，着重细微的正向行为改变，并探讨如何维持正向行为状态。

（三）院系建立高关怀学生心理档案

在高关怀个案的管理过程中，院系应对每一位高关怀学生建立、记录并更新其心理档案，即高关怀个案跟进记录表。根据高关怀学生的危机情况，对其档案进行分类，并进行每周、每月、每学期的定期更新，同时定期提交给学生处和心理健康教育咨询中心备案。

档案的跟进人一般是辅导员，由其亲自填写并归档。在一些重要节点，如考试周前、小长假与寒暑假之后，需根据个体情况而决定关怀支持的程度，弹性调整梳理频次，如每周、每两周或每月。记录表需要与汇总表保持一致，格式上可做一些调整，重点记录谈话的次数和时间、院系与家长联系后家长的意见、院系与心理健康教育咨询中心商讨后中心的意见等都需记录在案。

（四）对患有精神疾病学生的高关怀个案管理

对于被诊断患有精神疾病的学生，建议以休学的方式完成初次3~6个月的心理精神科药物干预治疗。待其休学期满申请复学时，需要开具三甲以上精神疾病专科医院的复学证明，确保复学材料齐备。在复学申请环节，务必重视医院的诊断证明，并以诊断证明作为判断学生是否具有复学能力的重要依据。

至于需要日常携带药品的学生，建议院系依据医院的诊断，要求家长陪读或者监护学生的用药情况和按时复诊。院系需要定期与家长沟通，了解学生的睡眠、饮食情况和按时服药情况，并和家长交流学生的上课出勤情况和学业情况。

总之，高关怀个案的管理过程应当充分体现高校全员育人的观念。院系为了达到全员育人的目的，定期在院系例会上和相应的负责人沟通学生当下的情况，但同时一定要注意强调个案信息的保密性，尽可能减少个案信息的泄露。在实施高关怀个案管理的过程中，在保障学生身心健康和安全的前提下，高校应充分考虑实现教育导向的目的。

附录 8.1　高关怀个案排查汇总表

高关怀个案排查汇总表

学院：　　　　负责人：　　　　填表人：　　　　填报时间：

序号	姓名	性别	学号	宿舍	联系方式		*学生情况类型	主要情况						处理过程				*危机程度分级（五星制）	处理结果以及后期计划	副书记（学生工作负责人）意见
					学生	家庭		医院诊断	住院、服药情况	请假、休学	家长监管情况	饮食睡眠	学业、人际	情绪	行为	专业支持（转介医院、心理中心等）	家庭支持（陪读、回家照顾等）	学业支持（一对一学业帮扶、缓考、暂停学业、延迟毕业）	其他支持（经济、朋辈等）			

附录8.2 高关怀个案跟进记录表

编号：＿＿＿＿＿＿＿

高关怀个案跟进记录表

姓名		性别		学号		宿舍	
联系方式	学生		危险程度（1～5分）			问题类型	
	家庭						
谈话内容	医院诊断						
	住院、服药						
	请假休学						
	家长监督						
	睡眠、饮食						
	学业、人际						
	情绪、行为						
处理过程	专业支持（医院、心理中心）						
	家庭支持（陪读、在家照顾）						
	学业支持（一对一帮扶、缓考、延迟毕业等）						
	其他（经济、朋辈等）						
处理效果及下次计划							
监护人意见							
副书记（学生工作负责人）意见							
谈话人		谈话地点		谈话时间		谈话次数	第　　次

说明：

1. 情况类型

参见本方案正文八类高关怀个案管理的主要对象。

2. 危机程度分级

根据学院对学生排查了解的初步情况评估：

1分——不存在：本质上无自我伤害的风险。

2分——轻微：自杀想法有限，无自我伤害的行为，无自杀计划，也未尝试过自杀。

3分——中等：有明显的自杀意念，存在自杀风险，但不存在明确的自杀计划。

4分——严重：存在两项或更多项的风险因素。来访者已表述出自杀想法和意愿，并具备成熟的自杀计划及实施方式。来访者表现出认知上的偏执和对未来的绝望，或拒绝任何社会援助，曾有过自杀尝试。

5分——极严重：来访者已具备明确而成熟的自我伤害计划和相应的准备，存在多项自杀风险，或曾多次尝试过自杀。

附录8.3 高关怀个案对接登记表

编号：_____

高关怀个案对接登记表

（供中心咨询师使用）

基本信息	档案编号	姓名	学号	学院专业	联系电话	首次预约时间	首次咨询时间	首问咨询师	备注		
序号	预约登记日期	咨询日期	咨询问题	是否转介	是否阻止自杀	是否阻止他伤	是否启动危机干预	干预效果评估	干预后去向	医生姓名及诊断	填写人
1											
2											
3											

学院处理结果：

（1）立即看护学生，通知家属转介医院。

（2）告知家属转介医院。

（3）其他（请具体说明）。

第九章　心理咨询督导

　　心理咨询师被期待能以更专业的能力实施学校心理健康教育与心理咨询工作，能更有效率地处理学生的问题与需要。然而，随着社会变化的日新月异，在校学生所遭遇的问题日渐多元化与复杂化，心理健康教育服务的对象从个别学生扩展至学校系统，工作任务从心理咨询个案服务变化为心理健康教育的预防性与发展性工作，心理健康教育工作者所担任的角色不仅是心理咨询师，还是教育者、行政人员等，因而学校心理咨询师在工作场所会遭遇到更多的困难与挫折，更容易感受到工作压力与面临瓶颈期。随着工作任务的日益复杂，学校心理咨询师需要进修与成长，而督导是能够增进学校辅导教师专业能力的有效方式，其不仅能促进心理咨询工作、提升心理健康教育的专业质量，也能协助学校辅导教师免于工作倦怠及摆脱专业困境。对于心理健康教育专业人员而言，接受督导是进修其专业的方式之一。督导是一种富有特色的专业活动，是督导师和心理咨询师之间的相互协作过程。在督导的过程中，督导师以观察、评估、反馈和协助工作的方式，对心理咨询师进行指导，积极鼓励心理咨询师，用发展的、科学的和支持性的方式对心理咨询师进行教育和培训，以确保心理咨询的顺利进行，维护来访者的利益。

第九章　心理咨询督导

一、心理咨询与督导

心理咨询工作是一项与人相关的工作，如果缺乏督导，可能会导致助人工作无效甚至有违咨询伦理。因此，督导对于助人工作者而言，是一个持续与重要的学习课题。美国咨询师教育及督导协会（the Association for Counselor Education and Supervision, ACES）强调，督导对于心理咨询效果有重要影响，督导通常是助人工作者最常从事也是最重要的专业活动。督导能够增加受督导者的信心，提升其专业认同度与自我效能，增进自我觉察的能力，使心理咨询师不受个人情绪的干扰，也对心理咨询师理论取向的学习有正面影响。

在心理咨询师成长的过程中，接受督导是至关重要的一步。但对于许多刚开始做咨询的心理咨询师来说，督导这个概念还有些陌生。督导究竟是什么呢？督导发展至今，其定义相当多元，不同的学者有不同看法，也因为学派的差异而给予"督导"不同的定义（Bernard & Goodyear, 2013）。单就字面意思来看，督导（supervision）一词源自拉丁文的"over"与"see"（Bernard & Goodyear, 2004），综合起来为"oversee"，有综观全局的意涵，是从一种相对超然的位置来俯视受督者的过程。Boyd（1978）认为，督导是一种督导者通过咨询、辅导、训练、教导和测评等活动来监督受督者的行为，以促进受督者在个人与专业上的发展。Bartlett（1983）提到，督导借助各种方式协助受督者学习，以达到有效协助受督者的效果。亦有学者将督导视为一种密集的、以人际互动为焦点的一对一深入关系，致力于促进受督者的专业能力或成长（Loganbill, Hardy, & Delworth, 1982）。Claiborn 等（1995）则认为，督导是一种社会影响的历程，目的是改变受督导者的态度与行为。另有学者认为，督导是通过督导者提供指导、反馈与经验分享的方式来协助受督者将理论转化为实务的专业历程（Studer, 2005）。而 Hawkins 与 Shohet（2012）则在定义中加入系统理论脉络的元素，认为督导是受督者与督导者共同努力，在系统脉络中致力于给来访者提供更好的服务、改善咨询关系、持续精进实务并进一步拓展专业。在众多定义中，最被广泛使用的定义是 Bernard 与 Goodyear（2004）为"督导"下的定义，他们认为，督导是一位较有经验的专业领域熟手借助不同的方式，协助一位或多位同一专业领域之生手，这种关系是持续且具有评估性的，目的在于促进专业与监控服务质量。Milne（2007）在此基础上，认为 Bernard 与 Goodyear 的定义不够精确，进而把督导定义为一种正式的、工作取向的、以关系为基础的教育与训练，并在过程中管理、支持、发展与评估受督者的工作。他认为督导的主要方式为督导与受督者共同设立目标，给予受督者矫正性的反馈并提供教学。

整体而言，从上述定义可以归纳出督导包含五项要素：①熟手引领新手；②督导可使用不同形式，如个别督导或团体督导；③督导是一个持续的历程；④督导关系具评估性；⑤督导的目的在于提升专业能力与为咨询质量把关。

同时，上述不同的督导定义可勾勒出督导的目的、任务、功能、角色，以及督导关系的轮廓，具体如下。

（1）督导目的。督导的目的有两部分：一是协助受督导者发展专业功能，包含发展技术与专业能力、增进专业效能、发展个人咨询与辅导风格以及专业自我认同；二是确保并增进来访者的福祉，包括监督对来访者提供的服务的质量与确保来访者的权益。

（2）督导任务。督导的任务为协助受督者增进各项能力，包括咨询技术能力、个案概念化的能力、专业角色的认知能力、情绪觉察能力与自我评估能力。

（3）督导功能与角色。督导者的功能分别为监督与评鉴（monitoring and evaluating）、教学与顾问（instructing and advising）、示范（modeling）、咨询（consulting）与支持（supporting）（Holloway，1995），这些功能体现了督导角色的多元化。Morgan与Sprenkle（2007）曾指出，优秀的督导不仅是一个治疗师，也必须是教练、老师、管理者。后现代的督导还增加了工作伙伴和倡议者两个角色（Ungar，2006）。

（4）督导关系。督导的有效与否，关键因素之一就是督导关系，也就是督导同盟（supervision alliance）。督导同盟犹如督导的支架，撑持起不同的督导行为与形式，更有人将之喻为督导的心脏。督导同盟的建立包含清晰的目标设定，尊重彼此对于关系的承诺。如果没有信任关系和合作，督导就有可能难以发挥其功效（Stoltenberg & McNeill，2009；Thomas，2013），由此可见督导关系之重要性。

接受督导是一名新手心理咨询师成长为一名合格心理咨询师的必经之路，并且几乎是专业成长中最重要的因素。有人会把督导师比作父母或者教师一样的角色，在新手心理咨询师尚不具备独自"行走"能力的时候，督导作为"拐杖"可以陪其走一段路，督导师的指点与情感支持会使之成长为更专业、更成熟的心理咨询师。督导对于咨询师和来访者来说具有非常明显的积极影响，它会让新手心理咨询师对个案的处理更加有效，因为不论是对伦理还是对咨询质量，督导师都是最有效的把关者。研究证明，接受督导的个案比不接受督导的个案效果要好很多（Bambling et al.，2006）。

Hawkins 和 Shohet 确定了督导过程在咨询中的三个主要功能：首先是教育性的，接受督导为心理咨询师提供了定期得到评估和反馈的机会，帮助心理咨询师精进专业技能，促进职业成长。其次是支持性的，督导师能够与心理咨询师共同协作处理两难困境，处理来访者给心理咨询师带来的焦虑、悲痛或者反移情。最后是管理性的，督导师可以帮助心理咨询师对工作进行计划，也可以帮忙探索可利用的资源。这些对于心理咨询师来说都是非常有效的辅助。在新手咨询师还不能独当一面的时候，督导师可以是其坚强的后盾。

二、督导师的多重角色与角色冲突

在学校中，心理咨询师的传统职能是心理测评、心理辅导、心理咨询和危机干预，除此之外，学校心理咨询师还从事预防、教育、研究和行政等工作。一般情况下，为了能够提供高效、优质的服务，满足服务对象的需求，学校心理健康教育及咨询服务机构的领导者同时担负着机构督导师的角色，以便与机构内心理咨询师共同解决学生所面临的成长难题。然而，督导与领导不同，这两个角色不能混淆。督导师是业务中的指导者，而领导者则主管行政事务。不过，在实际工作中，督导师常是多重角色的

第九章 心理咨询督导

综合,既是督导师,也是教师、导师、指导员、心理咨询师、顾问、管理者、监督评估员、同伴或支持者等。面对一些较年轻的心理咨询师,有时督导师还会扮演家长的角色。

当前,最棘手的角色冲突是督导师、领导者和管理者之间的多重角色冲突。在许多单位,咨询督导师就是心理咨询师的直接行政领导,主管本部门的各项事务,包括对心理咨询师的工作安排、业务评估、职务晋升,甚至奖金分发。与此同时,咨询督导师又身兼心理咨询师的业务督导师,角色冲突时有发生,使督导师本身和心理咨询师都陷于进退两难的情境。有时,严重的角色冲突会摧毁整个督导关系。例如,初入心理咨询行业的心理咨询师在复杂的咨询个案处理方面束手无策,对心理咨询伦理守则的规定判断不准确,其督导师不仅承担着督导任务,而且还是咨询师的直接领导和主管。如果心理咨询师坦诚地说出咨询中的困难与自己的焦虑情绪,那么,心理咨询师有理由相信他的顶头上司兼临床督导师有可能对他的晋升与奖励提出负面意见;如果避而不谈,那么他在咨询工作中就得不到应有的指导与支持,他的咨询工作会受到阻碍,来访者的福祉将会受损。

这些多重角色导致的督导与管理方面的障碍屡见不鲜。督导师的重要任务是督促心理咨询师的咨询工作的落实,协助心理咨询师认清自己专业的、伦理及法律的责任,以保证规范性的专业操作能顺利完成,促进来访者的成长与发展。作为咨询督导师,其首先是一名训练有素、富有咨询经验的心理咨询师,同时,需要具有精湛的督导技术和方法,能有效地处理各种个案,而且能在督导过程中与被督导者建立良好的督导关系。督导师凭借其在法律和道德规范方面的丰富知识和处理能力,可以有效地处理各种类型的复杂的咨询个案。许多督导师在走上督导这个岗位时，或许根本没有想到要扮演好这个多重角色有多么困难。首先，要认识到承担多重角色本身就是一大难题；其次，要扮演好这些角色，更是难上加难；最后，指望能妥善处理好各个角色间的冲突与平衡，几乎是不可能的事情。

三、督导师的胜任力

督导技能的培训亦是值得关注的问题。督导关系虽然类似咨询关系，但督导师并不等于资深的心理咨询师，成为督导师除了需要具备一定的咨询从业经验外，也需要经过专门的督导培训和实习。许多人获得心理咨询师的资格并工作了一段时间后，没有经过任何督导培训就担当了督导师的角色。事实上，从心理咨询师转为督导师是一个巨大而又重要的转换过程，而这个过程常常被忽略。目前，由于对督导过程的监管和针对督导师的评估十分欠缺，因而针对督导师的详细资格认定、能力要求以及绩效评估都很缺乏。这是一个亟待重视和发展的领域。

虽然督导师并不是万能的，但督导师必备的一些胜任力却是业界公认的。比如，督导师本身应具备丰富的咨询经验，具备言语和非言语的沟通能力，在解决问题和危机干预时能思路清晰、行为干练。督导师应了解当下的文化、社会和经济形势，熟悉个人—家庭—社区的综合干预模式，充分了解个性心理特征与心理疾病的常识，并有能力处理各种类型的个案。督导师应对心理咨询法律和道德准则具备清晰的理解力和灵活的掌控能力，并对文档的记录和保存措施了如指掌。名师出高徒，优秀的督导师更能带领出优秀的咨询团队。

研究表明，督导的成功与否和质量高低取决于督导师的知识水平，以及督导关系和被督导者（心理咨询师）的努力水平。而其核心因素是督导关系，也可称为督导联盟，即督导师与心理咨询师之间的联盟关系。督导关系中的重要原则是信任与尊重。督导师应该是热忱、守信和精力充沛的人，能充分认识与理解被督导者的自身发展需求，能对被督导者的挫折感、抱怨情绪和负面反馈信息做出恰当的反应。在这个联盟中，相互尊重则是关键因素。

不过，有统计数据显示，约有28%的被督导者对其督导师持否定的评价，督导师容易片面地注重被督导者的弱点和负面表现，最有效的督导常常不是最令人满意的督导。[1]

四、心理督导模式

督导师首先是一位心理咨询工作者，因此，该职位不仅要显示其所拥有的心理咨询知识和技能，更重要的是要具备作为心理咨询工作者所必须拥有的品质，同时还需要协助被督导者成长，协助做好对来访者的服务工作。

客观而有效的督导是直接督导。所谓直接督导，是指督导师在现场观察心理咨询师的咨询过程；或与心理咨询师协同工作，一起做个人或团体咨询；或观看心理咨询师的工作录像和听取咨询现场的录音，然后再根据自己的直接观察进行督导。通过这种

---

[1] Carol A. Falender & Edward P. Shafranske, *Clinical Supervision: A Competency-based Approach* (Washington: Amer Psychological Assn, 2004).

直接督导能客观地了解心理咨询师的咨询能力、个案处理能力、语言和非语言的沟通能力，同时也能观察到来访者对咨询过程的反应。通过直接观察，督导师能及时准确地向心理咨询师提出反馈和指导意见。

非直接督导是常见的督导方式。非直接督导是指督导师与被督导者通过讨论个案，查看咨询记录，或是在督导师的主持下进行集体个案讨论的督导方式。对于富有咨询经验的被督导者，通常采用非直接督导模式。

因为被督导者（心理咨询师）的发展水平不同，所以督导的方式也有差异。一般情况下，督导模式有三种：初级督导的鼓励模式、中级督导的自主模式和高级督导的探讨模式。

（一）初级督导的鼓励模式

初级督导的鼓励模式，主要是针对初级发展水平的被督导者而采用的督导模式。初入咨询行业的心理咨询师缺乏实践经验，焦虑程度较高，依赖性较强，注重自己以前所学得的知识与操作技能，担心评估的结果。不过，这些初级水平的心理咨询师一般都比较好学，工作动力较强。督导师可以让被督导者先处理一些比较简单的个案，安排更多的直接督导时间进行观察，必要时可采用角色扮演的方式。对初级发展水平的心理咨询师的督导以鼓励为主，并提供积极的和指导性的反馈信息。

（二）中级督导的自主模式

中级发展水平的被督导者的特点是自主性较强。他们经历过尝试性的工作阶段，经历了从依赖性到自主性的转变和自信心的增强，会更关注来访者且同理心较强。在咨询过程中，他们逐步显示出专业的自我，可以理解自己的局限性，也能够将学过的理论与实践有机地结合起来。但是，他们对评估仍持有焦虑、担心的情绪。因此，对中级发展水平的被督导者的督导方式以自主性督导模式为佳。督导师给予被督导者较多的鼓励与支持，增进被督导者的自主性，使其能恰当地处理自我防御和移情关系，注重理论与实践的结合，运用一些具有挑战性的方式来提高操作水平。督导师将协助被督导者认识自己的长处和短处，认识自我并接纳自我。

(三) 高级督导的探讨模式

高级发展水平的被督导者展示了对工作的稳定动力和热忱，自主性很强，对来访者具有高度的同理心和理解能力，能较好地将理论与实际经验结合，对自我的咨询能力有较高认知，对自己的咨询水平也较有信心。高级发展水平的督导实际上是一种相互探讨的过程。督导师提出一些综合性的督导评估，强调自主性和自我成长，建立支持性的氛围，关注督导师与被督导者之间的联盟关系，协助被督导者进行自我监察。督导师常运用非指导性的原则鼓励心理咨询师进行探索与实践。

五、心理督导方法

(一) 聆听

督导过程类似咨询过程。倾听、观察被督导者的言语和非言语表达是督导成功的基本要素。通过耐心的聆听，督导师可以收集许多有助于被督导者提高咨询技能、增进咨询效能的信息。在聆听被督导者谈论其咨询工作时，督导师能了解心理咨询师管理个案的能力，获取来访者必要信息的能力，以及与来访者建立良好咨访关系的能力。

（二）审查理论基础

咨询理论是为咨询工作服务的。初入咨询行业的心理咨询师很容易陷入复杂的个案里，与来访者一起周旋在混乱的思路之中，难以发现问题的症结所在。督导师的点拨常能协助心理咨询师拨开迷雾，澄清思路。例如，督导师常用的问题是："你准备如何去做？依据是什么？"然后再与被督导者一起分析应该怎样将各种咨询理论灵活运用于实践之中。

（三）挑战与教育

人们很难定义什么咨询方法是"最好的"，但是很容易发现何种咨询模式与方法能更有效地协助来访者走出困境。"还有什么更好的方法？"督导师的这种挑战性询问常能引导被督导者根据理论知识，对照目前的情景，去发现更佳的咨询方法。在督导过程中，富有经验的督导师可提供一些数据资料和转换的信息，让心理咨询师自己去探索与实践；督导师也可以传授一些恰当的实践经验，比如通过角色扮演来指导咨询方向。在某些紧急情况下，督导师可以直接指出怎样去实现咨询目标。

（四）积极反馈与支持

被督导者常会提出一些疑虑和困惑，例如，"我一直对这个个案感到困难""我感到无从下手""我所用的方法都不见效"等。当被督导者感到举步维艰时，督导师和被督导者可以一起观看咨询录像，以便客观地了解被督导者的工作状况，给予其支持与鼓励。督导师与被督导者都可提出自己的反馈意见，表达不同的见解。督导师应本着教育助人的宗旨来协助被督导者，以积极引导为主,而不是只有挑剔和找茬。

(五) 维系良好的督导关系

督导师与被督导者之间的信任与尊重,是维系良好督导关系的基础。信任与尊重并非一纸空文,它可通过督导师与被督导者互动过程中的一言一行得以体现。开展督导时可签署督导合同,明确督导师和被督导者的义务与责任,制订督导计划,合理安排直接督导的时间与次数,这将有利于督导关系的维系。

附录9.1 督导效能评估表

编号：_____

督导效能评估表

督导师姓名：	评分标准：5＝最好；3＝一般；1＝最差
1. 遵守预定的督导时间	□5□4□3□2□1
2. 紧急状况下能及时获得督导	□5□4□3□2□1
3. 重视专业法规与伦理责任	□5□4□3□2□1
4. 尊重心理咨询师自由选择的权利，了解他们的专业教育能力和发展潜力	□5□4□3□2□1
5. 能切实指出心理咨询师的能力局限性，必要时能予以适当的校正或补救，避免产生不适应的困扰	□5□4□3□2□1
6. 鼓励心理咨询师树立崇高理想，并培养敬业和乐业的专业精神	□5□4□3□2□1
7. 被督导者在需要时能获得适当有效的建议与协助	□5□4□3□2□1
8. 在督导时能提供鼓励与支持性的建议或意见	□5□4□3□2□1
9. 协助心理咨询师在实践中提高理论水平和实践能力	□5□4□3□2□1
10. 关注心理咨询师的个人发展和操作水平	□5□4□3□2□1
其他意见：	
被督导者（可匿名）： 年 月 日	

第十章 学校心理健康教育

一、心理健康教育的宗旨和任务

世界卫生组织将健康定义为:"健康是一种身体上的、心理上的和社会适应方面的良好状态,不仅仅是没有疾病和虚弱现象。"

心理健康教育工作的宗旨是为了帮助人们树立心理健康意识,提升心理健康水平。对于大学生来说,心理健康教育尤为重要,是实施素质教育的重要举措。它是优化学生心理品质,开发学生个人潜力,促进学生德智体美全面发展的重要途径和手段。心理健康教育以宣传和普及心理健康教育知识为主要内容,使人们正确认识自我,并了解心理健康对学习、工作和生活的重要意义。

心理健康教育主要包括三个部分。

(1)介绍提升心理健康水平的途径,使人们掌握科学而有效的生活方式,养成良好的生活习惯,开发个人潜能,培养创新与务实精神。

(2)传授心理调适的方法,学习积极面对和处理生活中的各种心理应激事件，提高自我控制、自我调节情绪和情感的能力，从而消除各种心理困惑。

（3）学习预防和应对突发事件的方法，提高对心理困惑所引发的突发性事件的认知，科学掌握心理应激事件的应对策略，充分利用社会支持等外部资源，消除心理障碍，减少各种突发事故的隐患，妥善干预和处理危机事件。

二、学校心理健康教育的原则

学校心理健康教育的原则是"重在预防"，及早发现和疏导学生中存在的心理问题，及时排查并消除危机隐患，防止自杀等重大事故的发生，变被动治疗为主动预防，从而提高学生的心理健康水平。

学校心理健康教育形式多样，包括课堂教育、课外辅导、心理测评、个别咨询、团体咨询、心理行为训练，通过书信、电话、网络等多种形式，有针对性地向学生提供经常、及时和有效的心理健康指导与服务。心理健康教育要充分利用学校广播站、校刊、校报、橱窗、板报等宣传媒介，通过第二课堂活动，广泛宣传和普及心理健康知识，强化学生的参与意识，提高广大学生的兴趣。通过加强校园文化建设，营造积极健康的氛围，陶冶学生高尚的情操。

（一）心理健康教育是学生日常教育内容的一部分

学校心理健康教育工作是学生的日常教育和管理工作的主要内容，同时也是全校教职工（特别是教师）义不容辞的责任。学校以教育为先导，发挥学校教育功能，最大限度地运用学校的资源,防治结合,提高学生的心理素质,开发学生的潜能。

教师要结合教学过程,将心理健康的内容渗入课程之中。班主任和辅导员不仅要进行日常思想政治教育,而且也要在增进学生心理健康、提高学生心理素质等方面发挥积极作用。学校将大学生心理健康教育的有关内容纳入学生素质教育之中,以课堂教学为主、课外指导为辅,形成课内与课外、教育与指导、咨询与自助紧密结合的心理健康教育工作的网络体系。

在日常的心理健康教育中,教师要注意区分学生的思想道德问题和心理问题,要善于有针对性地对学生的心理问题进行辅导或咨询,遇到疑难问题时要及时、主动地与学校心理咨询中心沟通、联系,以便对有心理困惑或心理障碍的学生提供必要的帮助。大学生心理健康教育不仅要注重心理问题的咨询与辅导,而且要更关注学生内在精神的成长和完善,助人自助,维护广大师生的身心健康。

(二) 宣传普及心理健康知识

心理健康教育的主要内容是促进学生正确认识自我,了解心理健康对成才的重要意义,帮助大学生树立心理健康意识,协助他们处理好因环境适应不良、自我管理困惑、人际交往障碍、感情受挫、考试紧张焦虑、求职择业矛盾、人格发展缺陷、情绪调节失衡、经济困难压力等产生的心理问题,提高其心理健康水平。

心理健康教育还包括介绍科学的学习方法和良好的学习习惯,教会学生如何自觉开发智力潜能,以及培养创新务实精神;同时还传授给学生面对挫折时的心理调适方法,培养学生具有坚强的意志品质和战胜挫折的信心,使他们学会积极应对和处理学习与生活中的各种心理应激事件，提高自我控制的能力，从而消除各种心理困惑。

（三）预防和干预危机事件

大学生因心理障碍而引发的突发性事件时有发生。预防重于干预，心理健康教育的目的就是以预防为主，提高广大学生对挫折和压力的认知水平，协助其学习科学应对压力的策略，不断完善学生的心理调适机制，充分利用社会资源，避免或减少各种突发事故的发生。

（四）教育与咨询相结合

大学生心理健康教育是学校德育工作计划中的一部分，应逐步形成以课堂教学、课外辅导、咨询与自助紧密结合的多元化心理健康教育体系，运用开展讲座、进行专题教学、开设选修课、发展团体和个别心理咨询等手段，提高大学生的社会适应能力，促进当代大学生理想人格的形成和发展，使学生的心理素质与思想道德素质、文化素质、专业素质、身体素质协调发展。

三、学校心理健康教育的管理体系

（一）心理健康教育的领导与管理

学校心理健康教育领导小组负责指导和协调全校心理健康教育和咨询工作，同时也负责对心理健康教育工作的检查和考核。领导小组实行主管领导责任制，以心理健康教育咨询中心和学生思想政治教育工作队伍为主体，以专职负责心理健康教育的教师为骨干，聘请兼职人员辅助，实行专职教师和兼职人员紧密结合的协同工作体制。学生处负责心理健康教育的组织与协调,心理健康教育咨询中心负责实施心理健康教育的具体安排。

(二) 心理健康教育体系

所谓"高校心理健康教育体系",是指校级心理健康教育咨询中心、院系级心理健康教育小组及学生心理健康协会这三个层次的互助互动网络结构。构建从教师、学生、管理者到校园管理人员间环环相扣的高校心理健康教育多级网络服务系统,这将有利于及时发现学生中存在的心理困惑、心理障碍和心理变态等心理问题,并使之得到及时矫正。

校级心理健康教育咨询中心是全校心理健康教育和心理咨询的领导部门,负责领导和协调工作,检查和考核全校心理健康教育和咨询工作的实施。该中心由专职负责心理健康教育的教师组成。他们是整个体系中的骨干力量,同时学校也可聘请兼职人员参与其中。校级心理健康教育咨询中心与学生处和研究生教育管理处密切合作,通过专职、兼职、聘用制等多种方式,建立一支以专职教师为骨干、专兼结合、相对稳定的学生心理健康教育工作师资队伍。这将有利于大学生心理健康教育工作的顺利开展,齐心协力,共同做好心理健康教育的组织与管理工作。专职从事心理健康教育的人员原则上被纳入学生思想政治教师队伍管理序列,承担心理健康教育的教学、科研和心理咨询工作。兼职教师的绩效按其工作量计算,工作量完成情况纳入年度考核工作。根据工作岗位的需要和本人承担的工作任务、工作量及具备的任职条件,兼职教师可被聘任为相应的教师或研究员等专业技术职务。

心理健康教育是一个多级网络体系,提供多元化的心理健康教育、心理疏导、心理咨询服务、心理危机预防和心理危机干预等多项服务。在人员配置上，形成了一个六层的金字塔结构，由上至下的层级分别如下。

第一层：专职心理咨询员。

由精神医学和心理学专业人才构成，负责判断和解决学生的心理障碍和情绪困扰，对有心理问题的来访者提供帮助。

第二层：心理健康教育教导员。

负责校内各类讲座和开设全校范围内的心理健康教育课程，其内容除心理学课程之外，还包括伦理学、人生哲学、东西方思想史和艺术史等内容。在教学工作中广泛运用团体咨询的方式，全面推进心理健康教育，将心理咨询工作逐渐由被动追踪转为主动预防。

第三层：兼职心理咨询员。

由具有多年心理咨询工作经验的教师组成，实行心理咨询预约制，负责解决学生一般的适应性和阶段性心理困扰，配合专职心理咨询员开展各校区的日常心理咨询工作，从普通心理学、发展心理学、认知心理学、健康心理学、社会心理学等领域中抽取基本的知识点，讲述有关心理健康经验的研究成果和学生关切的热门课题。

第四层：兼职心理健康教育辅导员。

由各院系挑选出来的辅导员组成一支兼职大学生心理健康教育辅导员队伍。其任务是在工作中及时发现需要帮助的学生，并在必要时能将他们及时转介到学校心理健康教育咨询中心。咨询中心的专职老师需要定期对这些辅导员进行专业知识培训。

第五层：校园心灵守望者。

面向全校各院系招聘在职或退休的教育工作者或以关心学生健康成长为己任的专家、学者,担任心理健康教育咨询中心的"校园心灵守望者"。他们与学生联系密切,工作在校园的第一线,可以及时发现需要帮助的学生。他们为身边有一般心理困惑的学生提供心理援助。"校园心灵守望者"的设置有助于提高大学心理健康教育工作的有效性和危机干预的及时性,有利于创建积极健康的校园心理氛围。

第六层:心理委员。

每个班级推荐一名学生担任心理委员。他们的主要工作是在同学中以"同伴教育员"的身份进行朋辈辅导活动,积极开展院系内的团队辅导,组织心理健康主题班会,在骨干学生中推行"心灵守望者"培训,预防心理危机事件的突发。

四、 学校心理健康教育队伍的培训与科研

(一) 心理健康教育队伍的培训

加强心理健康教育队伍的持续性培训,提升教育队伍的专业水平,将有利于心理健康教育工作的顺利开展和教育效果的提升。心理健康教育专职教师的培训工作要纳入学校师资培训计划,通过培训不断提高从事心理健康教育工作所必备的理论素养、专业知识和操作技能。具体而言,班主任、辅导员以及其他从事学生思想政治工作的教师和干部都将接受有关心理健康教育方面的业务培训,逐步增加其心理健康教育的知识和提升心理辅导的能力水平。

心理危机干预知识的普及和广泛培训能帮助三级网络体系的

各位成员充分了解危机发生的征兆与信号,以便做到及早发现和及时处大学生的心理危机问题。心理危机干预知识的培训将由学校心理健康教育咨询中心组织安排,分层次、分批次进行。参加培训的人员包括:①各院系分管学生工作的领导、研究生院教育管理处人员、院系辅导员;②学生宿舍管理员、宿舍辅导员助理、学校保卫部门及学校物业管理中心的相关人员;③学生会、研究生会主要干部、班级心理委员、社团负责人、研究生朋辈辅导员。

(二) 心理健康教育的科学研究

心理健康教育的科学研究是提高学生心理健康教育水平的理论依据。学校组织大学生参与心理健康教育的调研与学术交流活动,围绕学生的心理现象及其特征,针对影响学生心理健康水平的原因与对策开展科学研究,探讨当代学生理想人格的培养问题,为切实解决学生成长过程中的心理问题提供理论依据和有效的应对方法。

五、 学生心理健康普查

心理健康普查能令学校广泛及时地了解学生的基本心理状况,是提升学生心理健康水平的有效方式。为了提高学生心理健康测试的科学性和规范性,可引进必要的心理测试量表、心理测量软件,以对心理测试结果做出科学的评价和合理利用,逐步建立健全的学生心理档案,进行有重点的辅导与跟踪管理。心理普查结果和学生心理档案等都应按国家法规严格保密。

建立常规化的心理健康水平测评制度是心理健康教育工作的

一个重要环节。每学年定期开展心理健康普查与测量，有助于了解学生的心理健康状况。根据教育部的具体要求，重点做好每年秋季的新生入学心理健康测评和在册学生的跟踪测评，建立电子版的学生档案分类管理系统，进行有重点的辅导与跟踪管理。

学生心理测评工作一般由心理健康教育咨询中心主导，由专业的心理健康教育工作者负责心理测评量表的选择、印制、分发和结果统计。在条件许可的情况下，学校心理健康教育咨询中心可组织开发学生心理测评的网络版。心理测评是对学生心理做出评估的手段之一。心理健康教育咨询中心在全校普测后，将那些存在较为严重的心理问题的学生列为隐患排查的重点对象，采取个别约谈等方式进行甄别与心理疏导，必要时将对其进行干预或转介。

心理普查是一项十分严肃的工作，除了专业的心理健康教育工作者外，学生辅导员或其他工作人员也会共同参与心理普查和测评活动。没有经过心理测试专业培训的老师和工作人员，在普查和测评工作开展之前需接受有关测评技术、普查注意事项、信息保密和保密局限性的培训。测评人员在充分理解"保密原则及其局限性"后，签署测评保密协议，以促进普查工作的顺利进行。对测量结果严格保密是所有心理健康教育工作者必须严格遵守的职业道德。心理健康教育咨询中心拥有对心理测查结果的解释权，但要注意做好保密工作。

六、建立危机预警机制

危机事件的早期预防、早期发现、早期诊断和早期应对，是减少和避免危机突发事件的最佳方案。高校心理健康教育三级网络体系在危机干预工作中起着举足轻重的预防作用。

(一) 危机预警系统

高校心理健康教育三级网络体系下的危机预警机制，由学生群体（宿舍、班级）、辅导员、班主任、院系学生工作领导小组、心理健康教育咨询中心、学生处、研究生管理处、校医院、校级主管领导共同协作而成。

危机预警系统由校级主管领导监督与管理，由心理健康教育工作者负责危机干预的培训和督导。危机预警系统的成员与各院系、班主任和辅导员之间保持密切联系，积极关注学生的心理动态。当各院系发现有异常心理问题的学生时，应及时与心理健康教育咨询中心联系，并将学生转介到中心进行心理咨询。各系统应按有关规定，在危机事件发生时及时报告。迟报、漏报者将相应追究其责任。

(二) 心理咨询中的危机个案

在个体心理咨询方面，咨询人员应认真填写咨询记录。倘若经过自杀危机评估，确认来访者具有高度自杀或他杀倾向时，应第一时间向中心负责人汇报，并提出干预方案。心理健康教育咨询中心负责人将与学生处、危机事件当事人所在院系老师联系，并向学校主管领导汇报，及时商讨对策，启动危机预警系统，实施危机干预。

在心理健康教育咨询中心的来访者讨论例会中，相关人员应对近期所接受咨询的来访者做集中汇报，如果发现有严重心理问题，或疑似处于危机状况的学生，经案例分析讨论后，决定是否对其继续跟踪、转介或进行危机干预。

(三) 宣传教育

心理危机干预知识的宣传教育是一项广泛而持久的工作。不良的危机应对方式会使学生的心理防卫机制削弱或萎缩。在校园里，由心理健康教育咨询中心定期安排心理健康教育课程和讲座，发放心理健康教育手册，设置心理教育网站，举办心理健康活动月、活动日等各种行之有效的宣传活动，指导学生掌握心理调节的方法，了解处于危机状态时自己和他人的表现及干预方法。

附录10.1 心理健康教育人员守则

心理健康教育人员守则

心理健康教育的顺利进行与教育人员的良好素质密切相关。作为一位心理健康教育人员,应该遵守下列规范:

1. 对生命价值和生活意义具有积极关怀和乐观的态度。
2. 具有心理咨询的专业资格和专业的心理学知识结构。
3. 具有良好的人际沟通能力及合作精神。
4. 严格遵守咨询人员的伦理守则。
5. 对所服务的机构承担责任,个人不得以机构的名义擅自对外界提供服务。
6. 工作人员只能接受个人专业能力范围内的来访者。
7. 如来访者的行为可能对自己或他人造成伤害,必须尽快告知学校有关部门,并尽可能与其他专业人员磋商,严格执行咨询流程,遵守精神疾病甄别和危机干预制度。
8. 心理健康教育人员的工作受到相关关法律保护。
9. 心理咨询师必须始终严格遵守保密原则,未经来访者和主管部门的同意,不得把咨询记录包括笔录、测验资料、信函、录音等其他资料和信息向外界公布。
10. 因专业需要进行案例讨论、教学、科研、写作等工作时,有关来访者的档案,咨询过程中的录音、录像等,都应隐去那些可能会据以辨认出来访者的相关信息。

附录10.2　心理测评人员的保密守则

心理测评人员的保密守则

心理测评是一项严肃的科学工作。为顺利开展大学生心理健康测评工作，教育部社会科学司要求各个院校严格按规定程序操作，特别要做好校内主试人员的培训，并做好测评后对有心理问题的新生进行干预的专业人员的选拔与组织。

为了心理测评工作的顺利进行，每一位主试人员都必须签署保密协议。

1. 本次心理测评旨在了解学生的一般心理状况，主试人员必须对此项工作相关的测评量表和测评数据保密，不得向外界公布与泄露相关内容。

2. 测试人员负责分发量表，测评结束应如数交回测评中心，不得遗失或复印。

3. 相关人员均不能向外公布、泄露本次测评结果。

4. 心理健康测评工作不仅涉及心理测评工作的组织实施，还包括测评后针对疑有心理问题的学生进行约谈和干预。主试人员必须对测评结果严格保密，遵守国家法规，不得擅自影响学生的学籍、考研、奖励和就业等。

测试单位：

测试人员签名：

日期：

第十一章 校园突发危机事件的预防和处理

突发危机事件的形式复杂多样,如意外事故、恶性传染病、暴力袭击、炸弹威胁、砍人事件、自然灾害、受虐、自杀等。突发危机事件发生后,人们心理状态失衡,尤其是学生们更易感到焦虑不安、恐慌紧张。如果突发危机事件发生在校园内,目睹或经历那些恐怖事件后,教职工也可能跟学生一样感到内疚、惊慌和不知所措。因此,每个社区和学校均应加强对突发危机事件的认识,增强对突发危机事件的防范和应对能力。为做到有备无患,事先应做好各项安排,以减少突发危机事件的发生,并在事件发生后尽可能地减轻其负面影响。

一、突发危机事件的类型与管理

突发危机事件有两大类型:自然灾害和人为灾难。

自然灾害,又称为自然灾难、天然灾害,指自然界中所发生的异常现象,这种异常现象会给周围的生物和人类社会造成灾害,不仅严重威胁人类的健康和安全,还导致严重的经济损失。对于自然灾害,各地政府都在积极防范,期望能将灾害所带来的损伤降至最低。

第十一章 校园突发危机事件的预防和处理

人为灾难包括目标性灾难和非目标性灾难。目标性灾难是指那些暴力血腥事件，是针对某个目标发生的攻击。这些目标可能仅仅是某个仇人，例如，暴力者行刺美国总统肯尼迪，那么肯尼迪就是肇事者所认定的清晰的目标对象。在现实生活中，暴力目标对象常是一些有个人恩怨的仇人，或一些被欺凌者等发泄对象。但在更多的暴力事件中，包括战争和恐怖袭击，往往是由权势利益、种族宗教冲突等引起的，这些目标可能是清晰的人物，但更可能是无辜人士。非目标性灾难遍布世界各地，肇事者因各种原因激发的暴力行为可能发生在机场、火车站、医院、学校，甚至幼儿园，许多无辜者被杀害或受到伤害。

另外，不同肇事者可引致不同类型的突发危机事件。一般来讲，人为灾害的肇事者有五大类型：①严重精神病患者；②反社会性人格障碍者；③极端宗教狂热者；④报复泄恨者；⑤原因不明者。

无论何种类型的肇事者，都有其独特的心理特征。一旦发现他们有可能会伤害自己或他人的线索或迹象，必须及时进行干预，防止突发危机事件的发生，或将突发危机事件的伤害性降至最低。

经历了突发危机事件的人们通常会出现不同程度的心理混乱和情绪不稳定的状况。情绪失控会使人们暂时丧失理性，因而原已遭受灾难袭击的学校有可能因为大众情绪混乱而失控，面临更大的灾难。学校预警系统或应急管理队伍中的心理工作者在危机事件发生前、发生时和发生后都需积极参与和配合应急管理部门的统一部署，及时应对和妥善处理危机中的心理应激反应。经验表明，许多校园人为的突发危机事件并非只是校园内部矛盾所致，有时事件的起因源于社会问题，而且缺乏可被发现的迹象与线索。因此，突发危机事件的应急管理是社会性的大协作，需要各个部门积极配合，服从整体的系统性应战策略的安排。

学校预警系统和应急管理队伍是一个精练有效的行动指挥部门，通常由学校领导、保安主管、学生处主管、心理工作者和当地的警察、精神疾病专家共同组成。在突发事件的应急管理中，对肇事者可能引起的危险的危险性评估，在事件发生时谈判专家的劝说，以及事件发生后受害者与学生的情绪安抚等方面，学校心理工作者都起着举足轻重的作用。

二、突发危机事件的预防性教育

突发危机事件预防的重点是广泛获取信息和对可能的肇事者进行评估。没有一个明显的标签表明某个人会在何时触发伤害自己或他人的行为，即便有人发出威胁恐吓，有时也难以确认这些威胁恐吓的真实性和确切性，因而无法及时采取干预措施。当然，我们不能因为突发危机事件的复杂棘手而坐以待毙，积极周详的预防措施有可能最大限度地阻止暴力行为的发生，维护学生和广大民众的安全，以及维护社会的稳定。

广泛获取学生行为变化的信息将有助于预防突发危机事件的发生。人们常说许多危机事件都是突然发生的，毫无迹象可言。然而，事实表明，经过周密的调查，往往能发现一些肇事者早已公开发出过威胁言论，或者做出威胁恐吓，只是被人们忽视了。当然也有一些肇事者行事谨慎，不露声色，突发攻击。但是，事后很多资料显示，肇事者在行动之前仍然露出了许多蛛丝马迹，

第十一章　校园突发危机事件的预防和处理

只是人们没有注意到罢了。因此，在社区和学校内广泛开展预防突发事件的教育将有助于遏制危机事件的发生。整体而言，预防性教育可侧重于以下三大方面。

（一）提高学生的防范意识

学生们总以为校园内很安全，不会有突发危机事件，所以当校园内出现伤害自己的自杀事件或伤害他人的暴力事件时就惊慌不已、心神不宁。在预防教育的工作中，学校心理卫生工作者既要提高学生的危机意识，也要缓解学生的恐惧心理。

肇事威胁者在伤害自己或攻击他人之前，通常会在日常言行中表现某些异常。他们可能在社交媒体上发布一些与危机事件相关的言论。如果周围的学生和民众具备危机防范意识，能马上有所警惕，并及时报告，就有可能阻止危机事件的发生。

（二）提高学生对异常行为的认知

人类行为错综复杂，肇事者在采取行动之前常会出现行为变化。最初意识到这些行为变化的人通常是与肇事者比较亲近的同学或朋友。他们能从肇事者的言行举止、在社交媒体上发表的言辞中觉察出他的不正常。例如，有同学在微博上看到了肇事者自杀前的告别信，但可惜并没有引起他们的注意，一个年轻的生命就此殒落。也有学生在社交媒体上看到某位同学威胁说要伤害另一位女学生，但并没有及时向有关部门报告，结果这位妙龄女子不幸被伤害。

（三）鼓励学生参与危机事件的预防

如果每个人都能关心周围的同学和朋友，注意到周围人的异常行为，及时发现危机的隐患，及时汇报，积极寻求帮助，那么就可以避免许多突发危机事件的发生。学生们通常不清楚究竟什么行为是正常的，或是可以被接纳的，学生们也不了解究竟怎样的怪异行为需要引起警惕。简单而言，学生的行为大约可归纳为六大表现。

（1）正常行为：如果一个学生的行为与其他大多数同学的行为相比较没有什么特殊的表现，我们可以认为这个学生的行为正常。

（2）变化不定行为：某些学生喜怒无常，近期尤其变得非常焦躁或郁郁寡欢，这种情况就需要周围同学多加关注。

（3）令人担忧的行为：当一些同学表现出社会性退缩、暴躁易怒、情绪不稳定时，他们就需要被转介给辅导员和心理卫生工作者，以做进一步的了解或心理辅导。

（4）高度令人担忧的行为：顾名思义，所谓高度令人担忧的行为就是任何形式的行为表现都背离常态，如极度忧郁或愤怒，过分内疚或焦虑，思维判断走向极端等。这类学生需被转送至精神卫生院或由社会保障的专业人员进行评估，并根据评估结果进行干预。

（5）威胁的行为：无论是伤害自身或伤害他人的威胁行为都必须引起大众的密切关注，即刻进行情景和危机状态评估。对于这些可能出现肇事行为的人群，在确定危机事件不可能发生之前，不能让他们单独行动。

（6）需及时干预的行为：对那些已经采取伤害自己或他人行为的人，需要启动学校或社区应急管理系统进行危机干预，将突发危机事件的伤害程度控制在最低范围。如有必要，即刻报警。

三、肇事威胁者的危险程度评估方式

肇事威胁者的危险程度评估是预防突发危机事件的关键环节，评估的结果将在是否启动应急管理机制的决策中起到决定性作用。主要方式有以下三种。

(一) 直接面谈

危险度评估最有效同时也最困难的方式是直接面谈。

直接面谈之所以有效是因为面对面的会谈能使人直接了解危机发生的可能性与破坏程度。通过直接面谈能对肇事的时间、地点、攻击对象、攻击方式和攻击原因有所了解。成功的直接面谈同时也是有效的控制、劝阻危险和进行心理辅导的过程。很多肇事威胁者经过交谈后情绪得以缓和，个人的某些意愿能从另一种和平的渠道得以实现，从而放弃肇事计划，避免危机事件的发生。

不过，直接面谈的困难也显而易见。首先，肇事威胁者通常拒绝接受直接面谈。其次，即便获得与肇事威胁者直接面谈的机会，他们也很可能不愿提供其肇事的详细计划，或误导危机的干预决策。因此，参与面谈的工作人员必须具备良好的心理素质，事先经过严格的会谈技巧培训，熟练掌握面谈的程序与内容，并能在面谈过程中灵活应变，使整个面谈能顺利进行。

(二) 间接询问

一旦肇事威胁者拒绝参与面谈，我们也不能轻易放弃。有时提供信息者或知情人士会与肇事威胁者有着某种关系，所以向提供信息者的询问也是至关重要的工作。在询问信息提供者时也需睿智地运用询问技巧，过分急迫的提问有时会限制知情者的汇报程度。一般来讲，为了获取更为详尽的信息，我们应告诉知情者事态的严重性。不过，在某种情景下，一旦知情者获知事态的严重性，他们的恐惧心理和自身防卫机制有可能阻止他们坦诚地提供充分的信息。所以，在危机评估过程中，需要明确规定只有经过特定训练的工作人员才能询问知情者，混乱无章的询问有可能导致询问的失败和危机干预的无效。

（三）信息资料分析

时代的科技水平迅速发展，电子信息、社交传媒是人们常用的沟通手段，许多肇事信息都能从社交媒体上获取。筛选信息并辨别其真伪是极其困难的工作。危机干预和应急管理中心的工作人员需要长期关注社会中的各种信息，对于一些可疑人士或危险人物则需密切了解他们的行为变化。一旦发现令人高度担忧的行为，要及时转介到应急管理中心进行评估。

四、肇事威胁者的处置

一旦有学生威胁大众要伤害自己或他人时，在没有做出评估前，不能轻易地认为这只是一个玩笑，或者认为事不关己。任何一位学生或教职工都有责任向学校预警系统和应急管理中心的工作人员汇报肇事威胁者的状况，由评估人员对肇事威胁者进行评估。对威胁肇事学生的处置方面需要注意以下四个方面。

1. 不能让肇事威胁者单独留下

如果有学生已经扬言要自杀或伤害他人，那他必须立刻受到关注。在确保自身没有危险的情况下，设法通知应急管理人员的同时，尽可能稳定肇事威胁者的情绪，防止事件的发生。

第十一章 校园突发危机事件的预防和处理

2. 阻止肇事威胁者前往肇事地点

曾有学生在社交媒体上扬言道要从高楼的顶层跳下自杀，一旦得知这样的威胁，需要马上阻止其前往高楼顶层。也有学生威胁要伤害某位老师，那么要尽量避免其与那位老师见面或接触是至关重要的。还有人威胁要使用有毒的化学物质去伤害其所仇恨的人，在这种情景下，我们必须阻止其获取有毒物品。在现实生活中，肇事的威胁情形复杂多样，我们应针对当时的状况，灵活有效地采取防护措施。

3. 不要轻易相信威胁计划已经被取消

有些肇事威胁者发现人们已经关注了他的行为，于是就声称自己已经取消了肇事计划，比如说"我不会真的自杀""我怎么会去伤人呢"等。在尚未对肇事威胁者进行危险度评估之前，不能轻易相信威胁计划已经被取消。当人们相信一切平安无事而放松警惕时，往往容易发生悲剧。

4. 报警

如果确认肇事威胁计划即将实施，情况紧迫，肇事威胁者的行为显示需要对其即刻进行干预时，知情者应立即报警，及时采取防范措施。

五、肇事威胁的评估

肇事威胁的评估内容通常包括肇事威胁情景、肇事计划、肇事威胁者的个人状况、家庭情况和社会因素五个方面。

（一）肇事威胁情景

（1）威胁发生的时间、地点。

（2）知情者的个人信息。

（3）威胁发生的原因。

（4）针对威胁做出的反应。

（5）其他目击者。

（二）肇事计划

（1）有关肇事的时间、地点。

（2）伤害对象：自我伤害或伤害他人，直接攻击目标或间接攻击目标。

（3）肇事威胁者与攻击目标的关系。

（4）恐怖威胁是否涉及武器？使用何种武器？

（5）行动路线和行动方式。

（三）肇事威胁者的个人状况

（1）肇事威胁者的精神状况：有无妄想与幻觉？有无严重抑郁状况？具体表现是什么？既往精神疾病的诊断？

（2）肇事威胁者的暴力行为：是否热衷于暴力游戏或经常看暴力影视？是否经常宣扬暴力行为、欣赏黑帮人物，以暴力来解决问题？是否缺乏同理心和同情心，并且偏执、容忍性差、易怒、易冲动？

（3）在校表现：肇事威胁者是否疏离学校，经常旷课、逃学？学业或成绩如何？

（4）药物滥用、吸毒和酗酒状况。

（5）肇事威胁者的行为变化：行为是否发生变化？其行为是否脱离基本准则或偏离正常轨道？有无自残行为？

(四) 家庭情况

(1) 父母的婚姻状况和精神状况。

(2) 是否经历或目睹过家庭暴力？是否经历过家庭创伤事件？具体情景如何？

(3) 肇事威胁者与父母的关系。

(4) 家庭成员中是否有赌博、吸毒和酗酒等成瘾问题？

(五) 社会因素

(1) 肇事威胁事件是否与国内外重大事件有关？具体情景如何？

(2) 肇事威胁事件是否与宗教信仰有关？具体情景如何？

(3) 肇事威胁者是否经历过创伤事件？具体情景如何？

(4) 肇事威胁者是否被虐待过？具体情景如何？

(5) 肇事威胁者是否经历过不公正的对待或被欺凌过？具体情景如何？

(6) 肇事威胁者是否属于某个帮派或团体？具体情景如何？

(7) 是否有证据表明肇事威胁者受到挑唆？具体情景如何？

六、校园突发危机事件发生后的管理

若校园突发危机事件能得到及时有效的处理，便能减轻师生心理上、身体上和社会活动方面的困惑，能协助他们正视所遇到的困境，增强其解决困难的能力与信心，使其在今后的人生道路上能更坚强地摆脱各种困境。

（一）戒严与疏散

无论是天灾，如地震、海啸，还是人为的恐怖袭击，在紧急情况下，有时不得不作出戒严或疏散的决定。应急管理中心的人员需要深入到各个部门协助戒严与疏散，避免因撤离时的混乱而导致的次生灾难。戒严与疏散的统一领导尤为重要。人们可能不理解戒严或疏散的理由，但是，一旦应急管理中心作出戒严或疏散的决策后，为了确保广大师生的安全，必须即刻执行，不得拖延。

（二）信息的及时公布

如何与学生和教职工谈论危机事件是一件非常重要的工作。学生和教职工们需要知道究竟发生了什么，尤其是那些与危机事件有直接关系的学生和教职工，他们需要知道事件发生的真相，并了解下一步会发生什么。如果有人不幸死亡，他们还需要知道善后处理的一些情况。

信息的公布应尽可能做到及时、准确和公正，并注意保护个人隐私。在一般情况下，校方应该尽量客观地向学生解释在什么地方、什么时候、谁发生了什么情况。在社交媒体发达的今日，许多意外事件的信息往往不胫而走，在正规渠道尚未正式公布消息时，真真假假的小道消息已经漫天飞扬，令学生和家长们焦虑恐慌、不知所措。所以，应急管理中心必须尽快了解事情的缘由，尽早公布事件发生的情景和事态的进展。

（三）心理辅导

如果学校或社区里突然有人自杀死亡，或有人被残忍杀害，那么，周围的人都会不由自主地回想起这个死亡事件。人们会表现为各种不同形式的应激反应，例如，学生不愿去上学，变得特别容易生气发火，或恐惧悲观、郁郁寡欢；有人会感到害怕，脑中对死亡的恐惧和困惑挥之不去。尤其是那些目睹或亲身经历了创伤事件的人们，他们的正常生活规律被打乱，理性思考和沟通的能力下降，感到人生的脆弱和对前途的失望。更有一些患有抑郁症或自身也处于危机状态的人们，将倍感孤独、无助、忧伤，自杀的念头也会随之增强。

突发危机事件发生后，教师和同学们都要关注周围同事和学生们的反应，特别留意人们的某些异常行为，以免突发危机事件的影响进一步扩大。针对危机事件的心理辅导形式多样，除个别咨询外，小规模的团体心理辅导和朋辈心理辅导也同样行之有效。学校里的教职工们有时会很惊讶地发现自己也很脆弱，尤其是那些与创伤事件直接相关的教职工们也需要特殊的辅导。他们会感到焦虑、悲伤和抑郁，有的人可能已无法正常工作和讲课。因此，应急队伍也不能忽视对教职工的关怀与心理辅导。

七、校园突发危机事件的处理

一些不可预测的死亡事件或悲剧有可能发生在学校和社区内。尽管这些突发危机事件是偶然发生的，但学校仍需事先做好各种安排，减少突发危机事件的发生，并在事件发生后尽可能地避免因危机而引起的各种负面影响。

高校心理健康教育三级网络体系不仅能有效地预防与控制危机，而且能在危机出现后妥善处理危机事件。

（一）及时干预和转介

及时干预和转介是控制突发危机事件的重要环节。学校危机预警系统内的成员和心理咨询师要即刻与处于突发危机事件中的学生和相关人员进行真诚的沟通。若当事人的情绪与行为确实变得令人感到不安，就需要请专业人士进行评估。对于那些持有武器，扬言有特殊计划，并且情绪非常冲动，表现出有即刻伤害自己或他人行为的学生，要立刻报警求助。教职工和学生不得参与有即刻危险的干预活动，只能在事后协助处理学生的创伤应激后的辅导工作。

（二）危机的隐私性

突发危机事件发生后，必须注意妥善处理个人隐私。与学生谈论创伤事件是一项非常重要的工作。学生们需要知道究竟发生了什么，尤其是那些与创伤事件有直接关系的学生和其他人员，他们需要知道事件发生的真相，了解事态的下一步发展。如果有人不幸死亡，他们还要知道何时开追思会等相关信息。

在一般情况下，谈论创伤事件时要注意确保当事人及其家庭的权利，尊重他们的隐私。另外，对所有学生的解释一定要恰当且必须保持一致，让大家得到相同的信息。校方应该及时将学生集中在教室里，同时告知他们发生了什么事情。时间拖得越久，越会增加人们的焦虑感。

第十一章 校园突发危机事件的预防和处理

附录 11.1 肇事威胁者面谈记录表

编号：_____

肇事威胁者面谈记录表

威胁者姓名：	性别：	年龄：
所在单位（系别班级）：		
联系电话：	社交媒体注册名：	
威胁发生时间：	地点：	
威胁内容与计划：（时间、地点、目标对象、行动方式）：		
威胁缘由：		
个人精神状况：		
个人身体状况：		
个人经历：		
家庭状况：		
人际关系：		
应对措施：		
面谈者签名：	日期：	
主管领导签名：	日期：	

参考文献

[1] 樊富珉,吉沅洪.日本心理健康服务体系培训与管理的现状及发展趋势[J].中国心理卫生杂志,2008,22(8):588-593.

[2] 彼得·班克特.谈话疗法:东西方心理治疗的历史[M].李宏昀,沈梦蝶,译.上海:上海社会科学院出版社,2006.

[3] 布鲁克.如何学习心理治疗[M].许又新,译.北京:北京医科大学精神卫生研究所,1990.

[4] 车文博.心理治疗指南[M].长春:吉林人民出版社,1990.

[5] 陈红,赵艳丽,高笑,等.我国高校对心理咨询与治疗人才的培养现状调查[J].心理科学,2009(3):697-699.

[6] 陈家麟,赵平歌.中学生心理咨询[M].北京:教育科学出版社,1992.

[7] 陈仲庚.心理治疗与咨询[M].沈阳:辽宁人民出版社,1989.

[8] 高隽,钱铭怡.欧洲心理咨询与治疗领域的培训状况[J].中国心理卫生杂志,2008,22(5):372-375.

[9] 郭念锋．心理咨询师（二级）[M]．北京：民族出版社，2005．

[10] 黄希庭，郑涌，毕重增．关于中国心理健康服务体系建设的若干问题[J]．心理科学，2007，30（1）：2-5．

[11] 江光荣，夏勉．美国心理咨询的资格认证制度[J]．中国临床心理学杂志，2005，13（1）：114-117．

[12] 拉德·科里．心理咨询与治疗的理论及实践：第7版[M]．石林，译．北京：中国轻工业出版社，2007．

[13] 李国军．浅谈心理咨询师发展现状与对策[J]．人才资源开发，2014（17）：41-42．

[14] 李心天．医学心理学[M]．北京：人民卫生出版社，1991．

[15] 梁毅，陈红，王泉川，等．中国心理健康服务从业者的督导现状及相关因素[J]．中国心理卫生杂志，2009，23（10）：685-689．

[16] 廖素菊．心理卫生与保健[M]．台北：水牛出版社，1987．

[17] 刘伟志，袁玮，万能武．我国心理咨询业的伦理学探讨[J]．医学与哲学，2006，27（19）：43-44．

[18] 刘翔．学校心理学[M]．北京：世界图书出版公司，1996．

[19] 刘正奎，吴坎坎，张侃．我国重大自然灾害后心理援助的探索与挑战[J]．中国软科学，2011（5）：56-64．

[20] 马建青．辅导人生：心理咨询学[M]．济南：山东教育出版社，1992．

［21］迈耶·萨门. 变态心理学［M］. 丁煌, 译. 沈阳: 辽宁人民出版社, 1983.

［22］倪子君. 中国心理咨询行业分析报告［D］. 北京: 清华大学, 2004.

［23］钱铭怡, 陈瑞云, 张黎黎, 等. 我国未来对心理咨询治疗师需求的预测研究［J］. 中国心理卫生杂志, 2010, 24 (12): 942-947.

［24］钱铭怡. 心理咨询［M］. 北京: 光明日报出版社, 1989.

［25］秦漠, 钱铭怡, 陈红, 等. 国内心理治疗和咨询专业人员及工作状况调查［J］. 心理科学, 2008 (5): 1233-1237.

［26］陶金花, 姚本先. 高校个体心理咨询现状研究［J］. 中国卫生事业管理, 2015, 32 (10): 789-791.

［27］王超, 李英, 孙春云. 心理咨询与治疗中时间设置问题讨论［J］. 中国心理卫生杂志, 2004, 18 (1): 67-70.

［28］王丹君. 英国心理咨询及心理治疗协会的心理咨询师认证及其他［J］. 中国心理卫生杂志, 2007, 21 (10): 704-709.

［29］肖泽萍, 施琪嘉, 童俊, 等. 谁适合作心理治疗师?: 对心理咨询与心理治疗专业人员资格的讨论［J］. 中国心理卫生杂志, 2001, 15 (2): 214-216.

［30］徐俊冕. 医学心理学［M］. 上海: 上海医科大学出版社, 1990.

［31］许又新. 神经症［M］. 北京: 人民卫生出版社, 1993.

［32］姚萍，钱铭怡．北美心理健康服务体系的培训与管理状况［J］．中国心理卫生杂志，2008，22（2）：144-147.

［33］曾文星，徐静．心理治疗：理论与分析［M］．北京：北京医科大学中国协和医科大学联合出版社，1994.

［34］张伯源．心理咨询与行为治疗［M］．北京：团结出版社，1989.

［35］张黎黎，杨鹏，钱铭怡，等．不同专业背景心理咨询与治疗专业人员的临床工作现状［J］．中国心理卫生杂志，2010，24（12）：948-953.

［36］张明园．精神科评定量表手册［M］．长沙：湖南科学技术出版社，1993.

［37］张亚林，曹玉萍．心理咨询与心理治疗技术操作规范［M］．北京：科学出版社，2014.

［38］赵耕源．综合医院心理咨询［M］．广州：广东高等教育出版社，1987.

［39］赵旭东，丛中，张道龙．关于心理咨询与治疗的职业化发展中的问题及建议［J］．中国心理卫生杂志，2005（3）：221-225.

［40］赵艳丽，陈红，刘艳梅，等．澳大利亚临床心理学的培训和管理［J］．中国心理卫生杂志，2008，22（3）：224-226.

［41］郑日昌，陈永胜．学校心理咨询［M］．北京：人民教育出版社，1991.

［42］郑日昌．大学生心理诊断［M］．济南：山东教育出版社，1996.

[43] 郑瞻培. 心理健康与心理障碍 [M]. 上海：上海科学技术出版社，1989.

[44] 中国心理学会. 中国心理学会临床与咨询心理学专业机构和专业人员注册标准：第 1 版 [J]. 心理学报，2007.

[45] 钟友彬. 现代心理咨询 [M]. 北京：科学出版社，1993.

[46] 朱智贤. 心理学大词典 [M]. 北京：北京师范大学出版社，1989.

[47] Bartlett E. A multidimensional framework for the analysis of supervision of counseling [J]. The Counseling Psychologist, 1983, 11 (1): 9-17.

[48] Bernard J M, Goodyear R K. Fundamentals of clinical supervision [M]. 3rd ed. Boston: Ally and Bacon, 2004.

[49] Bernard J M, Goodyear R K. Fundamentals of clinical supervision [M]. 5th ed. New Jersey: Pearson Education Inc., 2013.

[50] Boyd J D. Counselor supervision: approaches, preparation, practices [M]. London: Taylor & Francis, Inc., 1978.

[51] Claiborn C D, Etringer B D, Hillerbrand E T. Influence processes in supervision [J]. Counselor Education and Supervision, 1995, 35 (1): 43-53.

[52] Crutchfield L B, Borders L D. Impact of two clinical peer supervision models on practicing school counselors [J]. Journal of Counseling & Development, 1997, 75 (3): 219-230.

[53] Cuijpers P, Van S A, Andersson G, et al. Psychotherapy for depression in adults: a meta-analysis of comparative outcome stu-

dies [J]. Journal of Consulting & Clinical Psychology, 1978, 76 (6): 909-922.

[54] Falender C A, Shafranske E P. Clinical supervision: a competency-based approach [M]. Washington, DC: American Psychological Association, 1978.

[55] Hawkins P, Shohet R. Supervision in the helping professions [M]. 5th ed. New York: Open University Press, 2012.

[56] Holloway E. Clinical supervision: a systems approach [M]. Oaks, CA: Sage Publication, 1995.

[57] Leichsenring K, Rabung S. Effectiveness of long-term psychodynamic psychotherapy: a meta-analysis [J]. The Journal of the American Medical Association, 2008, 300 (13): 1551-1564.

[58] Loganbill C, Hardy E, Delworth U. Supervision: a conceptual model [J]. The Counseling Psychologist, 1982, 10 (1): 3-42.

[59] Milne D. An empirical definition of clinical supervision [J]. British Journal of Clinical Psychology, 2001, 46 (4): 437-447.

[60] Morgan M M, Sprenkle D H. Toward a common-factors approach to supervision [J]. Journal of Marital and Family Therapy, 2007, 33 (1): 1-17.

[61] Pope K S, Vetter V A. Ethic dilemmas encountered by members of the American Psychological Association: a national survey [J]. American Psychologist, 1992, 47 (3): 397-411.

[62] Stoltenberg C D, McNeill B W. IDM supervision: an integrative developmental model for supervising counselors and therapists [M]. Kentucky: Taylor & Francis, 2009.

［63］Studer J R. Supervising school counselors-in-training: a guide for field supervisors［J］. Professional School Counseling, 2005, 8 (4): 353.

［64］Thomas F N. Solution-focused supervision: a resource-oriented approach to developing clinical expertise［M］. New York: Springer, 2013.

［65］Ungar M. Practicing as a postmodern supervisor［J］. Journal of Marital and Family Therapy, 2006, 32 (1): 59-71.

附录一
中国心理学会临床与咨询心理学工作伦理守则（第二版）

《中国心理学会临床与咨询心理学工作伦理守则（第二版）》（以下简称本《守则》）和《中国心理学会临床与咨询心理学专业机构和专业人员注册标准》（第二版）由中国心理学会授权临床心理学注册工作委员会在《中国心理学会临床与咨询心理学工作伦理守则》（第一版，2007）和《中国心理学会临床与咨询心理学专业机构和专业人员注册标准》（第一版，2007）基础上修订。

制定本《守则》旨在揭示临床与咨询心理学服务工作具有教育性、科学性与专业性，促使心理师、寻求专业服务者以及广大民众了解本领域专业伦理的核心理念和专业责任，以保证和提升专业服务的水准，保障寻求专业服务者和心理师的权益，提升民众心理健康水平，促进和谐社会发展。本《守则》亦为本学会临床与咨询心理学注册心理师的专业伦理规范以及处理有关临床与咨询心理学专业伦理投诉的工作基础和主要依据。

总则

善行：心理师的工作是使寻求专业服务者从其专业服务中获

益。心理师应保障寻求专业服务者的权利，努力使其得到适当的服务并避免伤害。

责任：心理师在工作中应保持其服务的专业水准，认清自己的专业、伦理及法律责任，维护专业信誉，并承担相应的社会责任。

诚信：心理师在工作中应做到诚实守信，在临床实践、研究及发表、教学工作以及各类媒体的宣传推广中保持真实性。

公正：心理师应公平、公正地对待与自己专业相关的工作及人员，采取谨慎的态度防止自己潜在的偏见、能力局限、技术限制等导致的不适当行为。

尊重：心理师应尊重每位寻求专业服务者，尊重其隐私权、保密性和自我决定的权利。

1. 专业关系

心理师应按照专业的伦理规范与寻求专业服务者建立良好的专业工作关系。这种工作关系应以促进寻求专业服务者的成长和发展、从而增进其利益和福祉为目的。

1.1 心理师应公正地对待寻求专业服务者，不得因其年龄、性别、种族、性取向、宗教信仰和政治立场、文化水平、身体状况、社会经济状况等因素歧视对方。

1.2 心理师应充分尊重和维护寻求专业服务者的权利，促进其福祉。心理师应当避免伤害寻求专业服务者、学生或研究被试。如果伤害可避免或可预见，心理师应在对方知情同意的前提下尽可能避免，或将伤害最小化；如果伤害不可避免或无法预见，心理师应尽力使伤害程度降至最低，或在事后设法补救。

1.3 心理师应依照当地政府要求或本单位规定恰当地收取

专业服务费用。心理师在进入专业工作关系之前,要向寻求专业服务者清楚地介绍和解释其服务收费情况。

1.4 心理师不得以收受实物、获得劳务服务或其他方式作为其专业服务的回报,以防止引发冲突、剥削、破坏专业关系等潜在危险。

1.5 心理师须尊重寻求专业服务者的文化多元性。心理师应充分觉察自己的价值观,及其对寻求专业服务者的可能影响,并尊重寻求专业服务者的价值观,避免将自己的价值观强加给寻求专业服务者或替其做重要决定。

1.6 心理师应清楚地认识其自身所处位置对寻求专业服务者的潜在影响,不得利用寻求专业服务者对自己的信任或依赖剥削对方、为自己或第三方谋取利益。

1.7 心理师要清楚地了解多重关系(例如与寻求专业服务者发展家庭、社交、经济、商业或其他密切的个人关系)对专业判断可能造成的不利影响及损害寻求专业服务者福祉的潜在危险,尽可能避免与寻求专业服务者发生多重关系。在多重关系不可避免时,应采取专业措施预防可能的不利影响,例如签署知情同意书、告知多重关系可能的风险、寻求专业督导、做好相关记录,以确保多重关系不会影响自己的专业判断,并且不会对寻求专业服务者造成危害。

1.8 心理师不得与当前寻求专业服务者或其家庭成员发生任何形式的性或亲密关系,包括当面和通过电子媒介进行的性或亲密沟通与交往。心理师不得给与自己有过性或亲密关系者做心理咨询或心理治疗。一旦关系超越了专业界限(例如开始性和亲密关系),应立即采取适当措施(例如寻求督导或同行建议),并终止专业关系。

1.9 心理师在与寻求专业服务者结束心理咨询或治疗关系后至少三年内,不得与该寻求专业服务者或其家庭成员发生任何形式的性或亲密关系,包括当面和通过电子媒介进行的性或亲密的沟通与交往。三年后如果发展此类关系,要仔细考察该关系的性质,确保此关系不存在任何剥削、控制和利用的可能性,同时要有可查证的书面记录。

1.10 心理师和寻求专业服务者存在除性或亲密关系以外的其他非专业关系,如可能伤害后者,应当避免与其建立专业关系。与朋友及亲人间无法保持客观、中立,心理师不得与他们建立专业关系。

1.11 心理师不得随意中断心理咨询与治疗工作。心理师出差、休假或临时离开工作地点外出时,要尽早向寻求专业服务者说明,并适当安排已经开始的心理咨询或治疗工作。

1.12 心理师认为自己的专业能力不能胜任为寻求专业服务者提供专业服务,或不适合与寻求专业服务者维持专业关系时,应在和督导或同行讨论后,向寻求专业服务者明确说明,并本着负责的态度将其转介给合适的专业人士或机构,同时书面记录转介情况。

1.13 当寻求专业服务者在心理咨询与治疗中无法获益,心理师应终止这种专业关系。若受到寻求专业服务者或相关人士的威胁或伤害,或寻求专业服务者拒绝按协议支付专业服务费用,心理师可以终止专业服务关系。

1.14 本专业领域内,不同理论学派的心理师应相互了解、相互尊重。心理师开始服务时,如知晓寻求专业服务者已经与其

附录一　中国心理学会临床与咨询心理学工作伦理守则（第二版）

他同行建立了专业服务关系，而且目前没有终止或者转介时，应建议寻求专业服务者继续在同行处寻求帮助。

1.15 心理师与心理健康服务领域同行（包括精神科医师/护士、社会工作者等）的交流和合作会影响对寻求专业服务者的服务质量。心理师应与相关同行建立积极的工作关系和沟通渠道，以保障寻求专业服务者的福祉。

1.16 在机构中从事心理咨询与治疗的心理师未经机构允许，不得将自己在该机构中的寻求专业服务者转介为个人接诊的来访者。

1.17 心理师将寻求专业服务者转介至其他专业人士或机构时，不得收取任何费用，也不得向第三方支付与转介相关的任何费用。

1.18 心理师应清楚了解寻求专业服务者赠送礼物对专业关系的影响。心理师在决定是否收取寻求专业服务者的礼物时需考虑以下因素：专业关系、文化习俗、礼物的金钱价值、赠送礼物的动机以及心理师决定接受或拒绝礼物的动机。

2. 知情同意

寻求专业服务者可以自由选择是否开始或维持一段专业关系，且有权充分了解关于专业工作的过程和心理师的专业资质及理论取向。

2.1 心理师应确保寻求专业服务者了解自己与寻求专业服务者双方的权利、责任，明确介绍收费设置，告知寻求专业服务者享有的保密权利、保密例外情况以及保密界限。心理师应认真记录评估、咨询或治疗过程中有关知情同意的讨论过程。

2.2 心理师应知晓，寻求专业服务者有权了解下列相关事项：(1) 心理师的资质、所获认证、工作经验以及专业工作理论取向；(2) 专业服务的作用；(3) 专业服务的目标；(4) 专业服务所采用的理论和技术；(5) 专业服务的过程和局限；(6) 专业服务可能带来的好处和风险；(7) 心理测量与评估的意义，以及测验和结果报告的用途。

2.3 在与被强制要求接受专业服务人员工作时，心理师应当在专业工作开始时与其讨论保密原则的强制界限及相关依据。

2.4 当寻求专业服务者同时接受其他心理健康服务领域专业工作者的服务时，心理师可以根据工作需要，在征得寻求专业服务者的同意后，联系其他心理健康服务领域专业工作者并与他们进行沟通，以更好地为寻求专业服务者提供服务。

2.5 只有在得到寻求专业服务者书面同意的情况下，心理师才能对心理咨询或治疗过程录音、录像或进行教学演示。

3. 隐私权和保密性

心理师有责任保护寻求专业服务者的隐私权，同时明确认识到隐私权在内容和范围上受到国家法律和专业伦理规范的保护和约束。

3.1 在专业服务开始时，心理师有责任向寻求专业服务者说明工作的保密原则及其应用的限度、保密例外情况并签署知情同意书。

3.2 心理师应清楚地了解保密原则的应用有其限度，下列情况为保密原则的例外。(1) 心理师发现寻求专业服务者有伤害自身或他人的严重危险；(2) 不具备完全民事行为能力的未成年人等受到性侵犯或虐待；(3) 法律规定需要披露的其他情况。

3.3 遇到3.2中(1)和(2)的情况，心理师有责任向寻求专业服务者的合法监护人、可确认的潜在受害者或相关部门预警；遇到3.2中（3）的情况，心理师有义务遵守法律法规，并按照最低限度原则披露有关信息，但须要求法庭及相关人员出示合法的正式文书，并要求他们注意专业服务相关信息的披露范围。

3.4 心理师应按照法律法规和专业伦理规范在严格保密的前提下创建、使用、保存、传递和处理专业工作相关信息（如个案记录、测验资料、信件、录音、录像等）。心理师可告知寻求专业服务者个案记录的保存方式，相关人员（例如同事、督导、个案管理者、信息技术员）有无权限接触这些记录等。

3.5 心理师因专业工作需要在案例讨论或教学、科研、写作中采用心理咨询或治疗案例，应隐去可能辨认出寻求专业服务者的相关信息。

3.6 心理师在教学培训、科普宣传中，应避免使用完整案例，如果有可辨识身份的个人信息（如姓名、家庭背景、特殊成长或创伤经历、体貌特征等），须采取必要措施保护当事人隐私。

3.7 如果由团队为寻求专业服务者服务，应在团队内部确立保密原则，只有确保寻求专业服务者隐私受到保护时才能讨论其相关信息。

4. 专业胜任力和专业责任

心理师应遵守法律法规和专业伦理规范，以科学研究为依据，在专业界限和个人能力范围内以负责任的态度开展评估、咨询、治疗、转介、同行督导、实习生指导以及研究工作。心理师应不断更新专业知识，提升专业胜任力，促进个人身心健康水平，以更好地满足专业工作的需要。

4.1　心理师应在专业能力范围内，根据自己所接受的教育、培训和督导的经历和工作经验，为适宜人群提供科学有效的专业服务。

4.2　心理师应规范执业，遵守执业场所、机构、行业的制度。

4.3　心理师应关注保持自身专业胜任力，充分认识继续教育的意义，参加专业培训，了解专业工作领域的新知识及新进展，必要时寻求专业督导。缺乏专业督导时，应尽量寻求同行的专业帮助。

4.4　心理师应关注自我保健，警惕因自己的身心健康问题伤害服务对象的可能性，必要时应寻求督导或其他专业人员的帮助，或者限制、中断、终止临床专业服务。

4.5　心理师在工作中介绍和宣传自己时，应实事求是地说明专业资历、学历、学位、专业资格证书、专业工作等。心理师不得贬低其他专业人员，不得以虚假、误导、欺瞒的方式宣传自己或所在机构、部门。

4.6　心理师应承担必要的社会责任，鼓励心理师为社会提供自己的部分专业工作时间做低经济回报、公益性质的专业服务。

5. 心理测量与评估

心理测量与评估是咨询与治疗工作的组成部分。心理师应正确理解心理测量与评估手段在临床服务中的意义和作用，考虑被测量者或被评估者的个人特征和文化背景，恰当使用测量与评估工具来促进寻求专业服务者的福祉。

5.1　心理测量与评估的目的在于促进寻求专业服务者的福

社，其使用不应超越服务目的和适用范围。心理师不得滥用心理测量或评估。

5.2 心理师应在接受相关培训并具备适当专业知识和技能后，实施相关测量或评估工作。

5.3 心理师应根据测量目的与对象，采用自己熟悉的、已经在国内建立并证实信度、效度的测量工具。若无可靠信度、效度数据，需要说明测验结果及解释的说服力和局限性。

5.4 心理师应尊重寻求专业服务者了解和获得测量与评估结果的权利，在测量或评估后对结果给予准确、客观、对方能理解的解释，避免寻求专业服务者误解。

5.5 未经寻求专业服务者授权，心理师不得向非专业人员或机构泄露其测验和评估的内容与结果。

5.6 心理师有责任维护心理测验材料（测验手册、测量工具和测验项目等）和其他评估工具的公正、完整和安全，不得以任何形式向非专业人员泄露或提供不应公开的内容。

6. 教学、培训和督导

从事教学、培训和督导工作的心理师应努力发展有意义、值得尊重的专业关系，对教学、培训和督导持真诚、认真、负责的态度。

6.1 心理师从事教学、培训和督导工作旨在促进学生、被培训者或被督导者的个人及专业成长和发展，教学、培训和督导工作应有科学依据。

6.2 心理师从事教学、培训和督导工作时应持多元的理论立场，让学生、被培训者或被督导者有机会比较，并发展自己的理论立场。督导者不得把自己的理论取向强加于被督导者。

6.3 从事教学、培训和督导工作的心理师应基于其教育训练、被督导经验、专业认证及适当的专业经验，在胜任力范围内开展相关工作，并有义务不断加强自己的专业能力和伦理意识。督导者在督导过程中遇到困难，也应主动寻求专业督导。

6.4 从事教学、培训和督导工作的心理师应熟练掌握专业伦理规范，并提醒学生、被培训者或被督导者遵守伦理规范和承担专业伦理责任。

6.5 从事教学、培训工作的心理师应采取适当措施设置和计划课程，确保教学及培训能够提供适当的知识和实践训练，达到教学或培训目标。

6.6 承担教学任务的心理师应向学生明确说明自己与实习场所督导者各自的角色与责任。

6.7 担任培训任务的心理师在进行相关宣传时应实事求是，不得夸大或欺瞒。心理师应有足够的伦理敏感性，有责任采取必要的措施保护被培训者个人隐私和福祉。心理师作为培训项目负责人时，应为该项目提供足够的专业支持和保证，并承担相应责任。

6.8 担任督导任务的心理师应向被督导者说明督导目的、过程、评估方式及标准，告知督导过程中可能出现的紧急情况，中断、终止督导关系的处理方法。心理师应定期评估被督导者的专业表现，并在训练方案中提供反馈，以保障专业服务水准。考评时，心理师应实事求是，诚实、公平、公正地给出评估意见。

6.9 从事教学、培训和督导工作的心理师应审慎评估其学生、被培训者或被督导者的个体差异、发展潜能及能力限度，适当关注其不足，必要时给予发展或补救机会。对不适合从事心理咨询或治疗工作的专业人员，应建议其重新考虑职业发展方向。

6.10　承担教学、培训和督导工作的心理师有责任设定清楚、适当、具文化敏感度的关系界限；不得与学生、被培训者或被督导者发生亲密关系或性关系；不得与有亲属关系或亲密关系的专业人员建立督导关系；不得与被督导者卷入心理咨询或治疗关系。

6.11　从事教学、培训或督导工作的心理师应清楚认识自己在与学生、被培训者或被督导者关系中的优势，不得以工作之便利用对方为自己或第三方谋取私利。

6.12　承担教学、培训或督导任务的心理师应明确告知学生、被培训者或被督导者，寻求专业服务者有权了解提供心理咨询或治疗者的资质；他们若在教学、培训和督导过程中使用有关寻求专业服务者的信息，应事先征得寻求专业服务者同意。

6.13　承担教学、培训或督导任务的心理师对学生、被培训者或被督导者在心理咨询或治疗中违反伦理的情形应保持敏感，若发现此类情形应与他们认真讨论，并为保护寻求专业服务者的福祉及时处理；对情节严重者，心理师有责任向本学会临床心理学注册工作委员会伦理工作组或其他适合的权威机构举报。

7. 研究和发表

心理师应以科学的态度进行研究，以增进对专业领域相关现象的了解，为改善专业领域做贡献。以人类为被试的科学研究应遵守相应的研究规范和伦理准则。

7.1　心理师的研究工作若以人类作为研究对象，应尊重人的基本权益，遵守相关法律法规、伦理准则以及人类科学研究的标准。心理师应负责被试的安全，采取措施防范损害其权益，避免对其造成躯体、情感或社会性伤害。若研究需得到相关机构审批，心理师应提前呈交具体研究方案以供伦理审查。

7.2 心理师的研究应征求被试的知情同意；应获得其法定监护人的知情同意；应向被试（或其监护人）说明研究性质、目的、过程、方法、技术、保密原则及局限性，被试可能体验到的身体或情绪痛苦及干预措施，预期获益、补偿；研究者和被试各自的权利和义务，研究结果的传播形式及其可能的受众群体等。

7.3 免知情同意仅限于以下情况：（1）有理由认为不会对被试造成痛苦或伤害的研究，包括①正常教学实践研究、课程研究或在教学背景下进行的课堂管理方法研究；②仅用匿名问卷、以自然观察方式进行的研究或文献研究，其答案未使被试触犯法律、损害其财务状况、职业或声誉，且隐私得到保护；③在机构背景下进行的工作相关因素研究，不会危及被试的职业，且其隐私得到保护。（2）法律、法规或机构管理规定允许的研究。

7.4 被试参与研究，有随时撤回同意和不再继续参与的权利，并且不会因此受到任何惩罚，而且在适当情况下应获得替代咨询、治疗干预或处置。心理师不得以任何方式强制被试参与研究。干预或实验研究需要对照组时，需适当考虑对照组成员的福祉。

7.5 心理师不得用隐瞒或欺骗手段对待被试，除非这种方法对预期研究结果必要、且无其他方法代替。在研究结束后，必须向被试适当说明。

7.6 禁止心理师和当前被试通过面对面或任何媒介发展与性或亲密关系相关的沟通和交往。

7.7 撰写研究报告时，心理师应客观地说明和讨论研究设计、过程、结果及局限性,不得采用或编造虚假不实的信息或资料,不得隐瞒与研究预期、理论观点、机构、项目、服务、主流意见或既得利益相悖的结果,并声明利益冲突;如果发现已发表研究有重大错误,应更正、撤销、勘误或以其他合适的方式公开纠正。

7.8 心理师撰写研究报告时应注意对被试的身份保密(除非得到被试的书面授权),妥善保管相关研究资料。

7.9 心理师在发表论著时不得剽窃他人成果,引用其他研究者或作者的言论或资料应按照学术规范或国家标准注明原著者及资料来源。

7.10 心理师若采用心理咨询或心理治疗案例进行科研、写作等工作时,应确保隐匿了可辨认出寻求专业服务者的有关信息;若涉及寻求专业服务者的案例报告,应与其签署知情同意书。

7.11 全文或文中重要部分已登载于某期刊或已出版著作,心理师不得在未获原出版单位许可情况下再次投稿;同一篇稿件或主要数据相同的稿件不得同时向多家期刊投稿。

7.12 研究工作由心理师与同行一起完成时,著述应以适当方式注明全部作者、有特殊贡献者,心理师不得以个人名义发表或出版。论著主要内容源于学生的研究报告或论文,应取得学生许可并将其列为主要作者之一。

7.13 心理师审阅学术报告、文稿、基金申请或研究计划时应尊重其保密性和知识产权。心理师应审阅在自己能力范围内的材料,并避免审查工作受个人偏见影响。

8. 远程专业工作（网络/电话咨询）

心理师有责任告知寻求专业服务者远程专业工作的局限性，让寻求专业服务者了解远程专业工作与面对面专业工作的差异。寻求专业服务者有权选择是否在接受专业服务时使用网络/电话咨询。远程工作的心理师有责任考虑相关议题，并遵守相应的伦理规范。

8.1 心理师通过网络/电话提供专业服务时，除了常规知情同意外，还需要帮助寻求专业服务者了解并同意下列信息：（1）远程服务所在的地理位置、时差和联系信息；（2）远程专业工作的益处、局限和潜在风险；（3）发生技术故障的可能性及处理方案；（4）无法联系到心理师时的应急程序。

8.2 心理师应告知寻求专业服务者电子记录和远程服务过程在网络传输中保密的局限性，告知寻求专业服务者相关人员（同事、督导、个案管理者、信息技术员）有无权限接触这些记录和咨询过程。心理师应采取合理预防措施（例如设置用户开机密码、网站密码、咨询记录文档密码等）来保证信息传递和保存过程中的安全性。

8.3 心理师远程工作时须确认寻求专业服务者真实身份及联系信息，也需确认双方具体地理位置和紧急联系人信息，以确保在寻求专业服务者出现危机状况时可有效采取保护措施。

8.4 心理师通过网络/电话与寻求专业服务者互动并提供专业服务时，全程应验证寻求专业服务者真实身份，确保对方是与自己达成协议的对象。心理师应提供专业资质和专业认证机构的电子链接，并确认电子链接的有效性以保障寻求专业服务者的权利。

8.5 心理师应明白与寻求专业服务者保持专业关系的必要性。心理师应与寻求专业服务者讨论并建立专业界限。当寻求专业服务者或心理师认为远程专业工作无效时，心理师应考虑采用面对面服务形式。如果心理师无法提供面对面服务，应帮助对方转介。

9. 媒体沟通与合作

心理师通过（电台、电视、报纸、网络等）公众媒体和自媒体从事专业活动，或以专业身份开展（讲座、演示、访谈、问答等）心理服务的过程中，与媒体相关人员合作与沟通中需要遵守下列伦理规范。

9.1 心理师及其所在机构在与媒体合作前应与媒体充分沟通，确认合作方了解心理咨询与治疗的专业性质与专业伦理，提醒其自觉遵守伦理规范，承担社会责任。

9.2 心理师应在专业胜任力范围内，根据自己的教育、培训和督导经历、工作经验与媒体合作，为不同人群提供适宜而有效的专业服务。

9.3 心理师如与媒体长期合作，应特别考虑可能产生的影响，并与合作方签署包含伦理款项的合作协议，包括合作目的、双方权利与义务、违约责任及协议解除等。

9.4 心理师应与拟合作媒体就如何保护寻求专业服务者个人隐私商讨保密事宜，包括保密限制条件以及对寻求专业服务者信息的备案、利用、销毁等，并将有关设置告知寻求专业服务者，并告知其媒体传播后可能带来的影响，由其决定是否同意在媒体上进行自我暴露、是否签署相关协议。

9.5 心理师通过（电台、电视、出版物、网络等）公众媒体从事课程、讲座、演示等专业活动或以专业身份提供解释、分析、评论、干预时，应尊重事实，基于专业文献和实践发表言论，言行皆应遵循专业伦理规范，避免伤害寻求专业服务者，防止误导大众。

9.6 心理师接受采访时应要求媒体如实报道。文章发表前应经心理师本人审核确认。如发现媒体发布与自己个人或单位相关的错误、虚假、欺诈和欺骗的信息，或其发布的报道属断章取义，心理师应依据有关法律法规和伦理准则要求媒体予以澄清、纠正、致歉，以维护专业声誉，并保障受众利益。

10. 伦理问题处理

心理师应在日常专业工作中践行专业伦理规范，并遵守有关法律法规。心理师应努力解决伦理困境，与相关人员直接而开放地沟通，必要时向督导及同行寻求建议或帮助。本学会临床心理学注册工作委员会设有伦理工作组，提供与本伦理守则有关的解释，接受伦理投诉，并处理违反伦理守则的案例。

10.1 心理师应当认真学习并遵守伦理守则，缺乏相关知识、误解伦理条款都不能成为违反伦理规范的理由。

10.2 心理师一旦觉察自己工作中有失职行为或对职责有误解，应尽快采取措施改正。

10.3 若本学会专业伦理规范与法律法规冲突，心理师必须让他人了解自己的行为符合专业伦理，并努力解决冲突。如这种冲突无法解决，心理师应以法律和法规作为其行动指南。

10.4 如果心理师所在机构的要求与本学会伦理规范有矛盾之处，心理师需澄清矛盾的实质，表明自己有按专业伦理规范行事的责任。心理师应在坚持伦理规范前提下，合理地解决伦理规

附录一 中国心理学会临床与咨询心理学工作伦理守则(第二版)

范与机构要求的冲突。

10.5 心理师若发现同行或同事违反了伦理规范,应规劝;规劝无效则通过适当渠道反映问题。如其违反伦理行为非常明显,且已造成严重危害,或违反伦理的行为无合适的非正式解决途径,心理师应当向临床心理学注册工作委员会伦理工作组或其他适合的权威机构举报,以保护寻求专业服务者的权益,维护行业声誉。心理师如不能确定某种情形或行为是否违反伦理规范,可向临床心理学注册工作委员会伦理工作组或其他适合的权威机构寻求建议。

10.6 心理师有责任配合临床心理学注册工作委员会伦理工作组调查可能违反伦理规范的行为并采取行动。心理师应了解对违反伦理规范的处理申诉程序和规定。

10.7 伦理投诉案件的处理必须以事实为根据,以伦理守则相关条文为依据。

10.8 违反伦理守则者将按情节轻重给予以下处罚:(1)警告;(2)严重警告,被投诉者必须在指定期限内完成不少于16学时的专业伦理培训或/和临床心理学注册工作委员会伦理工作组指定的惩戒性任务;(3)暂停注册资格,暂停期间被投诉者不能使用注册督导师、注册心理师或注册助理心理师身份工作,同时暂停其相关权利(选举权、被选举权、推荐权、专业晋升申请等),必须在指定期限内完成不少于24学时的专业伦理培训或/和临床心理学注册工作委员会伦理工作组指定的惩戒性任务,如果不当行为得以改正则由临床心理学注册工作委员会评估讨论后,取消暂停使用注册资格的决定,恢复其注册资格;(4)永久除名,取消注册资格后,临床心理学注册工作委员会不再受理其重新注册申请，并保留向相关部门通报的权利。

10.9 反对以不公正态度或报复方式提出有关伦理问题的投诉。

附：本守则包含的专业名词定义

临床心理学（clinical psychology）：心理学分支学科之一。它既提供相关心理学知识，也运用这些知识理解和促进个体或群体心理健康、身体健康和社会适应。临床心理学注重个体和群体心理问题研究，并治疗严重心理障碍（包括人格障碍）。

咨询心理学（counseling psychology）：心理学分支学科之一。它运用心理学知识理解和促进个体或群体心理健康、身体健康和社会适应。咨询心理学关注个体日常生活中的一般性问题，以增进其良好的心理适应能力。

心理咨询（counseling）：在良好的咨询关系基础上，经过专业训练的临床与咨询专业人员运用咨询心理学理论和技术，帮助有心理困扰的求助者，以消除或缓解其心理困扰，促进其心理健康与自我发展。心理咨询侧重一般人群的发展性咨询。

心理治疗（psychotherapy）：在良好的治疗关系基础上，经过专业训练的临床与咨询专业人员运用临床心理学有关理论和技术，帮助与矫治心理障碍患者，以消除或缓解其心理障碍或问题，促进其人格向健康、协调的方向发展。心理治疗侧重心理疾患的治疗和心理评估。

心理师（clinical and counseling psychologist）：系统学习过临床与咨询心理学专业知识、接受过系统的心理治疗与咨询专业技能培训和实践督导，正从事心理咨询和心理治疗工作，并在中国

附录一 中国心理学会临床与咨询心理学工作伦理守则（第二版）

心理学会有效注册的督导师、心理师、助理心理师。心理师包括临床心理师（Clinical Psychologist）和咨询心理师（Counseling Psychologist）；对临床心理师或咨询心理师的界定依赖于申请者学位培养方案中的名称界定。

督导师（supervisor）：从事临床与咨询心理学相关教学、培训、督导等心理师培养工作、达到中国心理学会督导师注册条件、并在中国心理学会有效注册的资深心理师。

寻求专业服务者（professional service seeker）：来访者（client）、精神障碍患者（patient）或其他需要接受心理咨询或心理治疗专业服务的求助者。

剥削（exploitation）：个人或团体违背他人意愿或在其不知情的情况下，无偿占有其劳动成果，或不当利用其所拥有的各种物质、经济和心理资源，谋取利益或得到心理满足。

福祉（welfare）：个体、团体或公众的健康、利益、心理成长和幸福。

多重关系（multiple relationships）：心理师与寻求专业服务者之间除心理咨询或治疗关系外，还存在其他社会关系。除专业关系外还有一种社会关系为双重关系（dual relationships）。除专业关系外还有两种以上社会关系为多重关系。

亲密关系（romantic relationship）：人与人之间所产生的紧密情感联系，如恋人、同居和婚姻关系。

远程专业工作（remote counseling）：通过网络、电话等电子媒介进行、非面对面心理健康服务方式。

附录二
美国学校心理学者协会（NASP）制定的职业道德守则
（摘要）

美国学校心理学家协会（NASP）于1974年制定了第一部《学校心理学家职业道德标准》，并于1984年、1992年、1997年、2000年和2010年进行了修订。制定《学校心理学家职业道德标准》的目的是保护公众和接受学校心理服务的人，使学校心理学家对其工作的道德方面有敏感的认识，对他们进行关于适当行为的教育，帮助他们监督自己的行为，并提供用于解决不道德行为投诉的标准。获得国家学校心理学认证系统认证的NASP成员和学校心理学家（即持有NCSP国家认证学校心理学家证书的人）必须遵守NASP的道德准则。

2020年，《学校心理学家职业道德标准》进行了新一次的修订。本附录原为据依新修订的2020版进行概括性翻译介绍，非逐条翻译。概括而言，修订后的《学校心理学家职业道德标准》可以概括为六大主题，即尊重服务对象的人格尊严和权力；应具备的专业能力和应承担的专业责任；在服务过程中应遵守诚信原则；有效应对多重关系和利益冲突；对学校、家庭、社区、社会和该行业的责任，以及通过自我监督和同行监督来维持公众的信任。

一、学校心理学家应尊重服务对象的人格尊严和权力

学校心理学家要尊重服务对象的人格尊严和权利，包括尊重

附录二　美国学校心理学者协会（NASP）制定的职业道德守则

他们的隐私权、自主权和自决权。学校心理学家应鼓励学生和家长积极参与到学校所开展的各项心理学服务活动中，家长和学生对于学校所提供的心理学服务具有知情权和选择权。通常情况下，学校心理学家在提供学校心理学服务之前须征得学生本人、家长及监护人的同意，不得强迫其做出选择（特殊情况例外）。在学校心理学服务过程中，应坚持保密原则。学校心理学家要尊重其是否公开个人信息（宗教信仰、情感、思想、价值观等）的权利，危急情况可以例外，但应将保密信息的暴露限制在最小范围。另外，学校心理学家要公平、公正对待所有学生，不得带有个人主观偏见和歧视，无论性别、民族、种族、社会地位、经济地位、宗教信仰和身体是否有残疾，所有的人都有同等机会参与学校所提供的各项心理学服务活动，并从中受益。

二、学校心理学家应具备的专业能力和应承担的专业责任

学校心理学家应在自己的专业能力范围内，运用其所掌握的知识和技能，提供各项学校心理学服务，协助服务对象解决他们所面临的问题，并且能勇于承担工作中的责任。在专业能力方面，学校心理学家必须明确知道自己的专业特长和不足，在专业能力、资格范围内提供服务。如所提供的学校心理学服务超出个人能力范围，应向督导或其他专业人士求助。

学校心理学家的专业责任则主要包括：对评估和干预工作负责、对校本记录的保存负责。在心理评估和干预过程中，学校心理学家应做到严格要求自己，慎重选择施测工具并保证服务对象的人身安全不受威胁，没有接受过相关专业训练的学校心理学家不得擅自做心理测验。在测验过程中，学校心理学家要按照该测验的指导原则有步骤、有条理地实施测验，如果需要对测验进行

改编，则一定要予以说明。此外，对测验进行相应的信度、效度研究，也是学校心理学家应关注的问题。

学校心理学家负责保存在学校心理学服务过程中所做的记录：①记录应尽可能做得详细和准确，以方便其他专业人士查看和审核。②家长有权查看其子女的记录，但不得影印。③如有需要，要公开和处理（存储、修改和删除等）学生的记录，需征得家长同意。④对于学校心理学家所做的私人记录，学校心理学家也要确保信息的安全性，但父母有知情权。⑤学校心理学家要保证学生的电子记录不因销毁、设备故障而泄露或遗失。

三、学校心理学家在服务过程中应遵守诚信原则

为了维持公众对学校心理学服务和学校心理学家本身的信任，学校心理学家必须坚持专业承诺，忠于事实真相。首先，学校心理学家应将自己的专业资历如实告知服务对象，如专业优势和不足、已有的经验、受教育和接受培训的情况，并出示从业证书，以便于服务对象从中选择出合适的学校心理学家。在某领域没有接受过专业培训的学校心理学人员不得从事该领域的工作，更不得利用与一些组织机构或个人隶属关系而提供超出其能力范围的服务。其次，学校心理学家需要将服务的具体细则以一种容易理解的方式，向服务对象做出解释，以便获得他们的理解和支持。最后，学校心理学家要保证所提供服务和出版物（如发表的论文）的真实性和专业性，不得做虚假宣传。

四、学校心理学家应有效应对多重关系和利益冲突

为了能够提供高效、优质的服务，满足服务对象的需求，学校心理学家需要同其他专业人士建立良好的合作关系，共同解决学生所面临的成长难题。在学校心理学实践中，如发现（服务）

附录二 美国学校心理学者协会（NASP）制定的职业道德守则

关系出现了不匹配，学校心理学家应及时进行转介，同时要将其他同行的情况如实地介绍给服务对象，以便其做出理性的抉择。在涉及与服务对象的关系问题时，学校心理学家要谨慎处理，尽量避免多重关系和利益冲突，以避免降低专业效果。

如果所提供的服务可能同时涉及多个利益群体，如家长、教师和学生等，在此种情况下，学校心理学家需要提前了解各方所需，通过利益权衡，以避免或减少冲突的发生。若冲突不可避免，学校心理学家要尽力解决，但应秉持将服务对象的损失降到最低这个原则，也即保证其利益的最大化。法律和道德方面的冲突，也是学校心理学家所面对的多重利益和关系冲突之一。具体行为标准方面，该职业道德标准相比较法律而言更为严格，这时要优先考虑该标准；当二者发生冲突而又不能兼顾时，此时学校心理学家应以法律为准绳。

五、学校心理学家对学校、家庭、社区、社会和该行业的责任

学校心理学家要运用教育学和心理学的专业知识，与其他专业人士、社区机构等一同为学生创造一个安全、健康的学校、家庭和社区环境。此外，作为连接学校、家庭和社区的纽带，学校心理学家还应积极发挥专业优势，为学校和社区的管理和革新献言献策。

在学校里，如果发现影响儿童和青少年健康成长的不公正现象，学校心理学家应努力改变这种不公正。为此，学校心理学家需要通过多种途径不断提升自己的专业知识和技能，如可以通过指导、教学和督导经验不足的学校心理学服务人员来提高自己的实践能力。为了确保学校心理学服务的质量，学校心理学家有责

任指导缺乏经验的毕业生和从业者,并在专业实践方面起表率作用。学校心理学家培养计划课程的老师应向毕业生提供关于该课程的一些基本信息,如课程目标、合格标准、具体要求和学习可能获得的收获等方面的精确信息;作为申请者的实践指导教师,学校心理学家也要确保所有学生都能遵守学校心理学家培养计划认证标准。

除了指导、教学和督导经验不足的从业者来促进该行业的发展外,学校心理学家还应积极参与科研活动,或者传播科研成果,这样也可以达到丰富该学科知识基础的目的。学校心理学家在从事研究前,必须经过有关部门审核,并获得许可,所运用的研究方法、分析技术都应建立在实证研究基础之上。

六、学校心理学家应通过自我监督和同行监督来维持公众的信任

学校心理学家要熟知该职业道德标准,在实践中加以有效运用,若遇到困难,应求教于有经验的学校心理学家,或求助于美国学校心理学家学会等相关机构。在学校心理学服务中,如果发现有同行违背了《学校心理学家职业道德标准》,则应对他加以善意的提醒,若不可行,就应请示督导或相关机构(道德与实践专业委员会、州认证机构、州道德委员会),必要时还可诉诸法律。如果该同行不是美国学校心理学家协会的会员或无美国学校心理学家认证委员会颁发的资格证,则首先在私下与该学校心理学家就此问题进行讨论,若不能解决,就要向其督导请示,当然,也可与州认证机构或相关组织取得联络,一般是按照该机构组织)的相关规定予以处理。

附录三
加拿大临床顾问协会注册临床顾问的
道德行为规范与临床实践准则

简 介

不列颠哥伦比亚省临床咨询师协会（BCACC）致力于提供最高标准的专业咨询、辅导、评估、测试和培训服务。《道德行为准则和实践标准》（以下简称《准则》）为注册临床咨询师（Registered Consulting Engineer，RCC）提供了指导和标准，使他们在专业实践中追求卓越，为他人的健康和幸福服务。

本准则提供了一个道德框架（道德原则），以及在出现道德困境时进行分析和决策的模式。每一个道德困境都是无法预料的，而有一个以上的备选决定可能被认为是符合道德的。因此，注册临床咨询师（RCC）需要通过遵守这些准则来提高他们的专业判断力，并使用道德决策程序，包括更广泛的咨询知识的资源，如BCACC、值得信赖的同事、文献或其他可靠来源。这些准则和标准并不能取代必须从律师那里获得的法律建议。同样重要的是，要考虑个人的价值观，以及他们是否会以任何方式不公平地偏向自己的看法和决策。

此外，《道德行为准则和实践标准》提供了可执行的规则和行为或实践标准，注册临床咨询师（RCC）必须遵守这些规则和标准，对不遵守这些规则和标准的行为可能会进行制裁。这些标准涉及道德原则在具体实践领域的应用。

指导注册临床咨询师（RCC）专业实践的文件具有不同程度的权威性。除了BCACC制定的道德行为准则和实践标准外，咨询师还必须遵守各种省级和联邦法规和条例。有些法律对所有公民都有约束力，例如，联邦刑法、联邦和省的税法、省的机动车立法以及报告忽视和虐待儿童的情况。省政府在确信需要立法来保护公众免受伤害时，会颁布专业立法来规范特定行业的做法。BCACC将继续寻求此类立法。下面列出了影响辅导员执业的其他成文法和案例法。

根据投诉的性质，对注册临床咨询师（RCC）的投诉可能有三个层次，即违反联邦刑法的指控；根据渎职或侵权（民事）法对注册临床咨询师（RCC）所受伤害的指控；或违反BCACC道德和标准的行为，须按行业规定和符合法律的纪律程序处理。

法律和专业标准通常是相互补充的。然而，如果法律和专业标准发生冲突，一般认为法律优先于专业标准。如果出于良知选择不遵守法律，通常被认为是个人选择和风险。BCACC鼓励其成员根据情况需要广泛咨询，并考虑任何此类决定的所有影响。

本协会制定的《道德行为准则》和《执业标准》，包括道德原则，是道德上最高和最有追求的规范性文件，有时甚至比法律规定的行为标准更高。在行为守则中，道德原则的某些方面被转化为行为定义，构成可执行的职业行为规则。BCACC的执业标准与《道德行为准则》一起被纳入，尽管在一些职业中，它们被纳入职业立法的条例中。实践指南、立场声明、特别指南等支持注册咨询师在特定的实践领域提供合格和道德的实践，虽然它们可

附录三 加拿大临床顾问协会注册临床顾问的道德行为规范与临床实践准则

能有助于界定能力,但它们本身并没有约束力或可执行性。

道德行为规范与临床实践准则

(一)一般期望

作为 BCACC 的成员,注册临床咨询师(RCC)承诺他们将:

1. 遵守《道德行为准则》《实践标准》并适当应用《道德行为准则》。

2. 持续评估其业务的道德方面。

3. 与主管和同事讨论道德问题。

4. 提请 BCACC 注意新的道德问题和疑问。

5. 以适当的方式处理同事的不道德行为,在适当情况下,强调补救性澄清和教育。在处理此类行为时,区域协调委员会将考虑自己的动机,避免提出恶意或无理取闹的投诉。

6. 接受并考虑对自己的行为和被认为不道德的行为的反馈,并采取积极的措施来解决这种情况。

7. 与 BCACC 正式成立的与道德或道德行为有关的委员会合作。

8. 维护咨询治疗的尊严和声誉,不做任何让一个有理智的知情者认为会使咨询治疗的实践和职业蒙羞的事情。

(二)使用道德决策程序

在处理困难的伦理问题时,通常应通过一个谨慎的程序,如《伦理决策指南》中的程序。

《道德行为准则》以四项基本道德原则为基础。包括原则一:尊重所有个人和民族的尊严;原则二:负责任的关怀;原则三:关系中的诚信;原则四:对社会的责任。

这些原则旨在反映一个一般的、普遍理解的和普遍的道德框架。它们在本质上是鼓舞人心的,在不同的文化信仰和期望的背景下,这些原则的行为应用可能会有一定的差异。然而,人们并不接受据称会对个人和民族造成伤害的文化习俗。

当原则发生冲突时,在良好的道德决策中,四项基本原则都应该被考虑到。然而,在某些情况下,这些原则会发生冲突。鉴于许多伦理问题的复杂性质,我们不可能规定重要性的顺序。然而,作为一般指导。

原则一:尊重所有个人和民族的尊严应得到最高的重视,除非对任何人的人身安全有明显和紧迫的危险。

原则二:负责任的关怀通常具有第二高的权重,并应以尊重个人和民族尊严的方式进行。

原则三:关系中的诚信如果与前两项原则明显冲突,则为第三优先。

原则四:对社会的责任如果与其他原则相冲突,一般应列为最低优先。把对社会的责任放在不如尊重个人和个人权利那么重要的优先地位,反映了欧洲-北美根深蒂固的价值观,但这并不是所有社会都普遍认同的。通常情况下,不列颠哥伦比亚省的社区和社会将持有与原则一至三类似的价值观,因此,可以通过尊重的方式进行谈判,使社会的集体利益与对个人的尊重和关怀不相冲突。在尊重文化信仰多样性的同时,重要的是不要认可那些明显伤害这些文化中的个人的做法,或违反加拿大法律的做法。

1. 原则一:尊重所有个人和民族的尊严

尊重人的尊严是许多其他道德原则的基础。它旨在承认所有人类的内在价值。这包括对民族的尊重,因为所有的人都属于独

附录三　加拿大临床顾问协会注册临床顾问的道德行为规范与临床实践准则

特的社会,这些社会创造了人类的相互依存关系,促进了身份认同,并建立了所有人类与所有其他人类的联系,包括过去和未来的世代。人们认识到,尊重和爱护自然环境的关系对于人类个人和集体的福祉和生存也是至关重要的。

为了实践尊重所有人和人民的原则,注册临床咨询师(RCC)应:

(1) 基本要求

1) 表现出对所有人的独特价值和固有尊严的尊重。

2) 在所有的交流中使用传达对个人和民族尊重的语言。

3) 避免贬低个人或群体,包括基于种族和文化背景、性别、阶级、年龄、性别、性取向、国籍、肤色、种族、宗教、婚姻状况、身体或精神能力、社会经济地位,或任何其他偏好或个人特征、条件或地位的贬低性玩笑。

4) 拒绝一切形式的骚扰。

5) 拒绝参与不尊重其他人和民族权利的做法。

6) 拒绝向任何根据注册临床咨询师(RCC)判断将利用知识或技能侵犯人权的人提供建议、培训或信息。

7) 做出一切合理的努力,确保治疗和心理学知识不被有意或无意地用于侵犯人权。

(2) 对来访者的尊重

1) 对来访者承担主要责任,因为来访者是注册临床咨询师(RCC)专业活动的直接接受者。

2) 当对一个人提出正式的专业意见,并对该人的法律或公民权利产生影响时,只能在直接和实质性的专业接触或对该人进行正式评估的基础上进行。

3)将正式的专业意见建立在专业的知识基础上,并记录任何有关他们对其结果和意见的信心的限制。

(3)知情的同意

1)针对所有的服务获得知情的同意。

2)告知来访者他们作为注册临床咨询师(RCC)服务消费者的权利,包括解决分歧和提出投诉的程序。

3)如果需要在没有获得知情同意的紧急情况下采取行动,应在此后的最早合理时间内获得同意。

4)尊重来访者明确表达的意愿,让他人参与来访者有关知情同意的决策。

(4)保护隐私

1)如果当事人没有能力对治疗作出知情同意,应与法律指定的替代决策者互动,以促进当事人最大程度的自我实现。

2)在治疗过程中,参与相互和持续的协商。

3)根据法律原则和专业标准,确保来访者信息的隐私和保密性。

4)参与适当的咨询和监督。

5)尊重来访者的文化习俗和信仰。

6)如果注册临床咨询师(RCC)的价值观与来访者的价值观相冲突,以至于注册临床咨询师(RCC)怀疑自己是否有能力做到不偏不倚,应就价值观的差异进行沟通,并提供转介给其他咨询师的选择。

(5)尊重其他个人

1)以尊重、诚实和公平的态度对待家庭成员或其他与来访者有关的人。

附录三 加拿大临床顾问协会注册临床顾问的道德行为规范与临床实践准则

2）根据法律原则和专业标准,确保个人信息的隐私。

3）尊重来访者、雇员、研究参与者、学生、受训者和其他人维护其自身尊严的权利。

4）对于所有涉及超过最小伤害风险的研究活动,或任何试图改变研究参与者行为的尝试,要获得知情同意。

(6) 尊重他人

1）对个人和民族的多样性表现出尊重。

2）对不同文化的习俗和信仰表现出尊重,除非这种习俗和信仰严重违背了尊重个人或民族尊严的原则,或对他们的福祉造成严重伤害。

3）意识到自己的民族和文化背景、性别、阶级、年龄、性别、性取向、国籍、肤色、种族、宗教、婚姻状况、身体或精神能力、社会经济地位,或任何其他偏好或个人特征、条件或地位的意义和影响。

4）积极参与扩大自己的民族和文化经验的知识。

5）适当地探讨治疗情况下的文化差异。

6）当治疗师的信仰可能对治疗结果产生不利影响时,提供适当的转诊选择。

(7) 尊重自我

1）参与自我保健活动,认识到咨询实践中所涉及的独特的专业压力,以保持最佳的专业实践水平。

2）评估专业活动,以证明注册临床咨询师(RCC)的个人偏见或歧视性态度和做法。

3）如果注册临床咨询师(RCC)的个人问题或压力影响到或可能影响到其提供专业帮助的能力,则应获得个人治疗或采取其他适当措施。

4）在咨询来访者中限制自我披露，只为来访者的最佳利益服务。

5）保护和保障自己在进行专业活动时不受严重伤害和侵犯自己的权利。

2. 原则二：负责任的关怀

负责任的关怀意味着，所有涉及来访者的互动都是为了来访者的利益。这包括全面的评估，以及与情况、来访者、社会和文化背景相适应的技能能力。

为了实践"负责任的关怀"原则，注册临床咨询师（RCC）应：

（1）基本要求

1）在所有与专业实践相关的活动中，对个人、家庭、团体和社区的福祉表现出积极关注。

2）当该活动显然具有超过最低限度的伤害风险，并且被发现是弊大于利时，或当该活动不再需要时，终止该活动。

3）尊重个人、家庭、团体和社区为自己做决定的能力，以及照顾自己和彼此的能力。

4）保持对注册临床咨询师（RCC）自身的自我保健需求和脆弱性的认识。

5）在不断评估需求的基础上，参与持续的学习和专业发展。

6）树立有效和尊重的专业界限。

7）将实践和监督限制在通过教育、培训或经验获得的能力范围内。

8）根据现行的专业标准，通过继续教育、监督或同行咨询，保持所有实践领域的能力。

附录三　加拿大临床顾问协会注册临床顾问的道德行为规范与临床实践准则

9）在发展新的专业服务能力时，应获得适当的培训，并与在提供该服务方面有专长的专业人员进行持续磋商。

10）当转介符合来访者的最佳利益时，转介给其他专业人士、技术或行政资源。

11）确保在注册临床咨询师（RCC）不在的时候，来访者的紧急需求由适当的专业人士解决。

（3）风险管理

1）在所有与专业实践有关的活动中，注意使个人、家庭、团体和社区的利益最大化，潜在伤害最小化。

2）使用以来访者为中心的语言，保持与每个来访者的所有互动的适当记录。

3）参与持续的监督或咨询。

4）当他人的行为有可能造成严重的身体伤害或死亡时，尽一切合理的可能阻止或抵消这些行为的后果。这可能包括向有关当局、预定的受害者、家庭成员或其他可以干预的支持人报告，即使涉及保密关系也应这样做。

5）当有关于这些活动和伤害的客观信息，并且这些活动是在保密的来访者关系之外引起他们的注意时，采取行动阻止或抵消另一个注册临床咨询师（RCC）或任何其他专业护理人员正在进行的严重有害活动的后果。行动可能包括向适当的监管机构、当局或委员会报告，以便采取行动，这取决于注册临床咨询师（RCC）对抵消伤害的适当措施的判断，也取决于有关机构的监管要求。

6）根据需要与其他专业人员合作和咨询。

7）采取行动，尽量减少其研究活动对研究参与者的任何负面影响。

8）尽可能地纠正或抵消与研究、专业实践或专业外活动有关的有害影响。

3. 原则三：关系中的诚信

道德和价值观主要体现在注册临床咨询师（RCC）与自己和他人的关系中。为了拥有道德上的诚信，他们始终意识到自己的价值观和其文化中的价值观。他们在交流中诚实坦率，诚实地评估和寻求对自己业绩的反馈，避免可能影响其专业活动的利益冲突。

为了实践"关系中的诚信"原则，注册临床咨询师（RCC）应：

（1）基本要求

1）在任何情况下都要追求最高的诚信。

2）对其行为的后果负责。

3）避免为个人、职业或经济利益而利用他人。

4）在可能的情况下避免利益冲突，在不宜避免的情况下声明利益冲突，并采取措施避免利益冲突的不利影响。

5）在所有的专业工作中，努力做到公正无私。

（2）诚信沟通

1）承诺在沟通中做到真实和准确。

2）避免不完整的信息披露，除非完整的披露在文化上是不合适的，或违反了他人的保密性，或有可能对个人、家庭、团体或社区造成严重伤害。

3）考虑到来访者的情况、诊断、动机和脆弱性，在接受礼物或其他利益时要做出最佳判断。来自来访者的礼物或利益应该是不经常的,价值最小的,并且不损害专业关系。

4)准确地向来访者说明其培训的性质。

5)如果来访者的需求超过了专业服务的能力,应提供适当的转介。

6)如果注册临床咨询师(RCC)意识到或应该意识到注册临床咨询师(RCC)自己的个人问题、态度或压力正在干扰或有可能干扰注册临床咨询师(RCC)提供专业帮助的能力,则不要开始或继续与来访者建立专业关系。

7)如果注册临床咨询师(RCC)在专业关系开始后出现了这样的个人问题,应获得专业协助以决定是否限制、暂停或终止专业关系。

8)如果有必要限制、暂停或终止治疗,协助来访者获得另一位合格的专业人员的服务。

(4)关系是一种有意识的承诺

1)不利用或允许他们的职业关系被利用,以牺牲注册临床咨询师(RCC)、他们的来访者、研究参与者、学生、雇主或其他人的最佳利益为代价,来促进个人、政治或商业利益。

2)避免开始或继续一种职业关系,如果他们知道或应该知道因与来访者或与来访者有关或相关的人目前或以前的心理、家庭、社会、性、情感、财务、监督、政治、行政或法律关系而可能发生伤害。

3)在双重关系的存在可能对专业关系产生不利影响的情况下,避免发展双重关系。

4)在存在或被认为存在双重关系的情况下,立即采取合理的措施来解决任何由此产生的伤害或潜在的伤害。

5）考虑到咨询关系中存在的权力差异，以及误用或滥用的可能性，因此，在治疗期间和治疗结束后至少24个月内，不与任何来访者发生性关系或其他亲密的个人关系。24个月是一个最低限度。咨询关系越深，这个期限就应该越长。如果来访者的情况、诊断或脆弱性表明有可能在以前的咨询关系中建立的信任和依赖的基础上进行剥削，则应无限期延长24个月的最低期限。

6）特别是在咨询关系结束后的24个月内，要避免直接或间接地对来访者或前来访者进行口头或身体上的诱惑行为；与来访者或前来访者发生性关系或其他性行为；达成财务或其他潜在的剥削关系。

7）考虑到在指导或监督关系中不可避免地存在着权力差异，避免与学生、受训者或被监督者发生性关系或任何其他亲密的个人关系。

8）特别是要避免对学生、受训者或被监督者有任何口头或身体上的诱惑行为；与学生、受训者或被监督者发生性关系或其他性行为；与学生、受训者或被监督者建立任何形式的关系。鉴于目前专业或学术界的普遍标准，一个有理智的人将会认为这些都是剥削性的。

4. 原则四：对社会的责任

注册临床咨询师（RCC）对他们生活和工作的社会负有责任，并为该社会中人类的福祉奉献自己的力量。为了实践对社会负责的原则，注册临床咨询师（RCC）应考虑：

（1）道德知识和意识

1）发展并保持对其道德责任和能力的认识。

2）对学生和被监督者进行充分的道德责任和能力的培训。

3）挑战包括自己在内的所有注册临床咨询师（RCC），使其对本行业的价值和道德原则负起个人责任。

4）致力于持续改进，包括对自己行为的影响保持敏感，对反馈和想法持开放态度，并纠正自己的行为。

5）了解管理本行业的法定、监管和普通法框架。

6）认识到需要与其他机构、专业学科和个人合作，以合理地服务于个人、团体和社会的最佳利益。

（2）一个科学和专业的知识体系

1）承担在本专业内增加科学或实践知识的责任，作为促进社会及其所有成员福祉的手段。

2）接受责任，尽其所能，确保压迫性的法律和结构得到改变。

3）在研究、专业和教育活动中促进和推动道德原则。

（3）制定收费标准

制定被认为是公平的、与社会上普遍的收费结构相一致的收费标准。

（4）专业技能的贡献

在考虑无偿工作的可能性时，确定对其时间和才能的最适当和有利的利用，以帮助履行本学科对社会的集体责任。在这样做的时候，注册临床咨询师（RCC）应该考虑到合理界限的需要，以及根据自己的情况在无偿工作和有偿工作之间的适当平衡。

（5）社会责任

避免从事不光彩的或有问题的行为，使人怀疑注册临床咨询师（RCC）的专业操守或能力，或对咨询行业的诚信产生不利影响。

后　记

看到后记，意味着这本书的内容进入了尾声。本书的改写是一个艰难的过程，将一本内容枯燥、遣词严谨、结构单一的制度汇编改写为既具可读性，同时又不失其可操作性的书，原以为是一件几乎不可能完成的任务。而今，这个任务在中山大学出版社各位编辑，特别是陈慧副社长的推动之下得以达成，感谢他们为这本书所付出的心血与努力。

大部分人在其生命中的某个节点都需要获得帮助，以处理那些阻碍其个人成长和限制其潜能的问题。大学中的心理咨询师面对的是一群身心发展正值急遽变化的青少年，常需要帮助他们探索并获得洞察，借助心理咨询来促使他们做出明智的决定，或克服适应方面的困难，并在生命中做出积极正向的改变，达至个人的成长。感谢心理健康教育咨询中心的每一位老师，正因为他们充满热忱，愿意帮助学生，导引学生朝向正向发展，同时又没有止步于工作本身，而是从心理咨询操作规范与流程管理着眼，躬身实践，梳理经验，积极反思，才促成和完善了本书的面世。感谢李雅君博士、何淑华老师，她们是中心重新成立后的首批心理咨询师，正是她们对实务过程的归纳与凝练，才使得中心的各项管理制度得以落地。特别感激2005年于华东师范大学一次危机

后 记

干预培训上结识的时任加拿大不列颠哥伦比亚省儿童与青少年心理危机干预中心的督导黄蘅玉博士，中山大学心理健康教育咨询中心邀请黄蘅玉博士来校进行心理危机干预的培训，同时，正是通过黄老师，我们得以参照美国、加拿大等地区心理咨询的行业规范制定专业伦理守则、心理咨询师守则、来访者的权利和义务、心理咨询保密原则、个体咨询服务办法等工作规程，犹记得黄老师与我们一起斟字酌句制作来访者手册、心理咨询师手册、心理咨询效果评估表等心理咨询用表的多个夜晚，虽已过去数十年，但当时的情景历历在目，仍如昨日。

心理咨询行业的发展需要理性的反思、批判和审视，但这是一种批判地继承和对继承的批判，既是一种创造，又是一种谨慎的推陈出新，我们鼓起勇气将过去十几年在实务实践中累积的经验编撰成书，是整理反思，更是初心的回归与坚持，希望可以更大范围地使用与完善，以贡献于心理咨询行业的发展，维护来访者的福祉。

这本书刚刚完成，却是新的开始。

编者谨识
2020 年 11 月 26 日